無一우학
설법대전

(4)

無一우학
說法大典
(4)

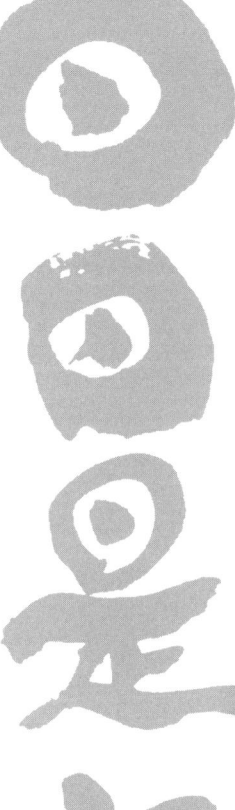

| 도서출판 | 우리절 **한국불교대학 大관음사** |
| 좋은인연 | **유튜브불교대학** 자매채널 비유디 |

설법대전을 내면서

나무 불법승(佛法僧)

먼저, 이 책을 인연하시는 모든 분들의 행복을 기도 축원드립니다.

저는 요즘 무문관 정진 중입니다만, 일주일에 한 번씩 유튜브를 통해 생활법문을 녹화하고 있습니다. 전대미문의 코로나 팬데믹(pandemic)으로 불교대학의 정규 강의와 정기 법회가 중단된 상태에서 궁여지책으로 생각한 것이 유튜브불교대학 운영이었습니다. 다행히 부처님 가피로, 애초 5천 명의 구독자로 출발하였으나, 만 2년이 되지 않아서 10만 명의 구독자를 확보함으로써 유튜브를 통해서나마 국내외 불자(佛子)님들과 소통할 수 있게 되었습니다.

저는 1992년 전세 포교당에서 한국불교대학 大관음사를 열면서 창건 이념과 3대 지표를 세웠습니다. 그 창건 이념은 "바른 깨달음의 성취와 온 세상의 정토 구현"입니다. 그리고 사찰의 3대 지표는 "근본 불교, 세계 불교, 첨단 불교"입니다. 그런데 이 창건 이념과 3대 지표가 유튜브라는 매체를 통하여 구현할 수 있게 되었으니, 코로나로 인해 대면 포교가 어려워진 상황 속에서도 크게 다행스러운 일이 아닌가 생각합니다. 참으로 전화위복입니다.

제가 본격적으로 '유튜브 생활법문'을 준비하고 점검하면서 크게 놀란 것은 시청자 연령대의 70%가 50세 이상이라는 사실입니다. 그래서 젊은 불자를 염두에 두고 전법(轉法)의 빛깔과 방향에서 고민을 하기도 하였습니다. 이 책을 인연하시는 분들께서는 그러한 점들을 유심히 살펴주시길 바랍니다.

지금은 바야흐로 유튜브라는 매체를 무시하고는 불교 포교가 어려운 시절에 살고 있습니다. 유튜브불교대학 생활법문을 하면서 저는 '법문의 현대화'를 잊지 않고 있습니다.

좋은 법문은 진리적인 것을 설하여, 이를 체험케 하는 것입니다. 그 진리적이라는 것이 현실적이라야 합니다. 그렇지 않으면 허공에 구름 잡는 얘기가 되고 맙니다. 더 나아가 현실적인 것은 생활적이 되어야 합니다. 그래서 제 법문의 특징은 생활 속에서 응용되고, 생활 속에서 행복을 찾도록 가르칩니다. 어쨌든, 제 법문의 의도가 어느 정도는 시청자들에게 먹히는 것 같아 다행스럽게 생각합니다.

독자 여러분, 그리고 유튜브불교대학 시청자 여러분! 우리 불교 인구가 많이 줄고 있습니다. 불교 포교의 큰 대안 중 하나가 유튜브를 통한 포교입니다. 제가 늘 말씀드리듯이 100만 구독자가 생기면, 미국 뉴욕의 맨해튼에 한국인이 세우는 최초의 '한국명상센터'가 들어설 것이라고 확신합니다. 이 책이 그런 면에서 크게 도움이 되기를 바라 마지않습니다.

이 유튜브를 통한 생활법문은 제 수행의 일부라고 생각하고 언제까지라도 해 나갈 것입니다. 그리하여 그때그때 정리한 원고를 모아 '無一우학 설법대전' 시리즈로 출간하겠습니다. 우리 독자 및 시청자들께서는 시리즈 전권을 소장하는 재미를 붙여 보시길 바랍니다. 아마 수년 내에 200, 300권이 될 것입니다.

불교를 진정으로 아껴 주시는 불자 여러분!
'無一우학 설법대전'이 불교 가정 가정마다 놓여질 수 있도록 관심 부탁드립니다. 주위에 많이 알려 주시고 법보시(法布施) 해 주시면 감사하겠습니다.
다른 기회에 또 뵙도록 하겠습니다.
관세음보살

무일선원 무문관에서
無一 우학 합장

설법대전(4) 목차

49
좋은 궁합이 있다 / 13

50
절에서 안 먹는 채소 / 29

51
불교 풍수지리(1), 묘지※ / 43

52
불교 풍수지리(2), 집터※ / 55

53
훌륭한 학부모님 / 67

54
청소년 마음공부 / 81

55
불교 풍수지리(3), 인테리어※ / 93

56
이사 방위, 동티 예방법 ※ / 105

57
이사 택일 상식※ / 115

58
기도 속(速) 성취법 / 125

59
주당살 풀기※ / 141

60
좋은 운이 들어올 때 징조 / 153

61
우리를 위해 오신 부처님 / 167

62
불교 용어 도둑맞다 / 179

63
큰 운 성취, 큰 기회를 잡는 법 / 189

64
염주의 힘 / 201

65
차 있는 분 보세요, 차 고사 / 213

無一우학
說法大典

49
좋은 궁합이 있다

2020. 04. 18. 세계명상센터 보은전

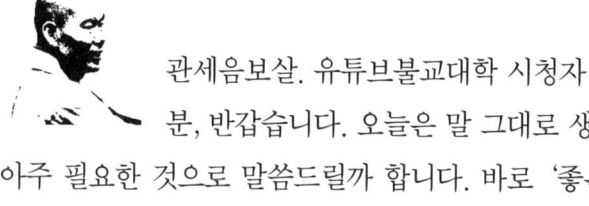
관세음보살. 유튜브불교대학 시청자 여러분, 반갑습니다. 오늘은 말 그대로 생활에 아주 필요한 것으로 말씀드릴까 합니다. 바로 '좋은 궁합 있다' 입니다.

우리는 본인은 물론이거니와 손자 손녀 아들딸과 같이 자제들이 결혼을 함에 있어 좋은 배필 구하려고 노력합니다. 그런데 좋은 궁합이 있다고 하니 눈이 번쩍 뜨이지 않습니까? 어차피 결혼할 것 같으면 궁합이 좋으면 좋지요.

이런 말이 있습니다.

"전쟁터에 나갈 때보다 배를 타고 저 먼바다로 나갈 때보다, 예식장에 들어설 때 더욱 간절한 마음으로 우리는 기도를 해야 한다."

그만큼 결혼은 중요합니다. 배우자를 잘 만나면 인생의 큰 행운이고 큰 복입니다. 그런데 결혼해서 사는 사람들의 형태를 보면 결혼이 잘못되어서 인생 후반부를 늘 후회하면서 눈물짓는 사람이 많습니다. 그렇다 보니 어떤 배우자를 택해야 할 것인가, 어떤 짝이 좋은가, 어떤 배필이 좋은가 하는 이 문제는 너무도 중요합니다.

이처럼 무지 중요한 궁합 좋은 배필 만나기에 대해서 말씀을 좀 드릴 건데, 그 핵심 결론은 끝에 나옵니다. 제가 드리는 말씀들은 대부분 끝에 결론이 있으므로 처음에 좀 듣다가 말면 안 됩니다. 끝까지 들으시고 또 여러 번 반복해서 들으셔서 가족의 혼사가 있을 때 사전에 먼저 꼭 참고하시기를 바랍니다.

우리는 어떤 배우자를 택해야 할까요? 어떤 배필이 좋은 배필일까요?

첫 번째, 업의 빛깔이 비슷한 사람이 좋습니다.

가능하면 업의 빛깔이 같은 사람을 구해야 합니다. 말이 좀 어렵습니까? 업(業)이라 하면 그 사람의 고유한 기운을 말합니다. 그리고 그 사람 특유의 정체성을 나타내는 기운이 업입니다. 이러한 업의 빛깔이 비슷해야 합니다. 업의 빛깔이 비슷할수록 좋고, 같을수록 좋다는 말입니다.

불교에서는 '동업중생(同業衆生)' 이라는 말을 씁니

다. 동업중생이라 함은 업이 같은 중생이라는 뜻인데, 특히나 결혼을 함에 있어 내외 배우자의 업의 빛깔이 같을수록 좋습니다.

업이 같다는 것을 좀 더 현실적인 관점에서 살펴보자면, 학벌도 좀 비슷하고 가문도 좀 비슷한 게 좋다는 것입니다. 또 생각하는 것도 비슷해야 하고요. 먹는 음식도 비슷한 게 좋습니다. 그러자면 정서가 비슷하고 취미도 비슷한 게 좋습니다.

그러한 것들을 제가 표현하기로 '업의 빛깔이 비슷하다', '업의 빛깔이 같다'라고 한 것입니다. 부부의 연을 맺을 두 사람은 그 업의 빛깔이 같을수록 비슷할수록 좋습니다.

두 번째, 그 업의 방향성이 같거나 비슷한 사람이 좋습니다.

업의 방향성, 즉 우리가 하고자 하는 일의 방향이 내외가 같다면 그 얼마나 좋겠습니까? 다시 말해 같은 가치관을 지녀서 삶의 목표 지향점이 같을수록 좋습니다. 그 방향을 논하는 것에 있어서 지금 당장을 두고 말하는 것은 어려울 수도 있습니다. 지금 당장이 아니라 먼 미래를 두고 보았을 때, 업의 방향성이 같다면 그 사람은 함께 갈 수 있는 사람입니다. 미래 방향성이 같아야 다투지 않고 잘 살 수 있습니다. 하고자 하는, 가고자 하는 미래의 방향성, 업의 방향성이 같아야 좋습니다.

세 번째, 종교가 같아야 좋은 궁합, 좋은 배필입니다.

우리의 삶은 종교와 아주 밀접한 관계가 있습니다. 관혼상제(冠婚喪祭), 즉 집안의 모든 대소사 문제가 종교와 관계가 됩니다. 그래서 친척들과의 유대관계, 가까이 있는 가족들 간의 많은 일들이 종교와 관계가 되므로 종교가 같은 배우자를 만나라는 것입니다. 만약 종교가 같지 않다면 적어도 무교라야 합니다.

종교가 다르면 백발백중 사는 날부터 삶이 힘듭니다. 차츰차츰 불교로 하면 되지 않느냐 하는데, 그게 참으로 만만치 않습니다. 무교는 가능해요. 그런데 이미 신을 믿는 종교에 깊이 빠져 있는 사람들은 고치기가 대단히 힘듭니다. 그러므로 아예 처음 택할 때 무교 내지는 불자 쪽으로 구하라는 말입니다.

종교라는 것은 양심의 가장 기초입니다. 그래서 가장 기초적인 양심, 양심의 근저에 자리 잡고 있는 불교, 불심(佛心)이 같다면 이 세상 살아감에 있어서 그렇게 어려움이 없습니다.

만일 절에 다니면서 짝을 찾았다, 청년회 등 절에서 활동을 하다가 짝을 만났다면 더 이상 다른 것을 볼 필요도 없습니다. 그냥 열심히 살면 돼요. 다만 여기서 우리가 분명히 인식해야 할 것이 있습니다. 죽을 때까지 함께 손잡고 같이 절에 다니셔야 한다는 것입니다. 결혼 후에도 절에 계속 잘 다닌다는 것을 먼저 전제로 해서 말씀드리는 것입니다. 만약 절에서 짝을 만나 결혼한 후에 절에 더 이상 절에 다니지 않는다면 다른 많은 요인들에 의해서 그것이 부서질 가능성이 많습니다. 따라서 절에서 만난 법우와 결혼을 했다면 서로 약속을 해야 합니다. '우리는 이생 끝날 때까지 일주일에 한 번은 절에 다니자. 절에 다니면서 수행도 하고 공부도 하자' 이 정도로 마음의 계합이 된 분들은 분명히 오래오래 부부의 연을 맺으면서 행복할 것입니다.

네 번째, 서로 보완의 관계가 좋아야 좋은 궁합, 좋은 배필입니다.

서로 보완의 관계가 좋아야 한다, 이는 성격적인 부분을 말하는 것이기도 하고 역할 분담이라는 측면에서도 그러합니다. 공동체를 이루면서 살 때에는 역할 분담이 잘 돼야 하지 않습니까? 둘이 만나서 사는 것도 공동체입니다. 사실 둘만 있는 것도 아닙니다. 주위에 사람들이 있고 아이를 낳으면 그 아이 또한 공동체의 일원이 되는 것이니 말입니다. 어쨌든 둘의 관계에 있어 그 역할 분담이 잘 돼야 합니다.

역할 분담이 잘 된다는 것은 다른 말로 서로 협력하는 사이가 되어야 한다는 말입니다. 예를 들어 맞벌이를 하는 입장이라면 당연히 집에 들어오면 가사 일을 분담해서 해야 합니다. 그게 바로 서로 보완의 관계입니다. 그래서 남편이 할 수 있는 일은 남편이 잘 하고, 아내가 할 수 있는 일은 아내가 하는 등 서로서로 보완을 잘 할 때 비로소 그 가정이 행복한 것입니다. 한쪽은 늘 뺀질뺀질 거리고, 한쪽은 늘 문제를 일으키면서 서로 협력하지 않는다면 그건 궁합이 좋은 게 아닙니다.

  마지막 다섯 번째, 앞서 네 가지를 다 들으신 분들 중에 어떤 사람들은 "스님, 좋은 궁합이라고 해서 제가 여기 들어왔는데, 왜 보통 말하는 그런 궁합은 말씀하지 않습니까?" 라고 할지도 모르겠습니다. 다섯 번째로 말씀드리려고 하는 것이 바로 보통 세상 사람들이 말하는 '궁합이 좋다, 안 좋다' 라고 하는 것에 대한 것입니다.

  제가 상당히 조심스럽게 말씀을 드리는 건데, 궁합은 보는 관점에 따라서 많이 다릅니다. 즉 역술가, 역학하는 사람들의 관점에 따라서 다르다는 것입니다.

  제가 법문을 준비하면서 세상 사람들은 객관적으로 궁합을 어떻게 보는가에 대한 자료를 찾는 중에 유튜브에 '그것이 알고 싶다' 라는 TV 프로의 궁합 편이 나와 있었습니다. 그 영상에서 기자가 두 사람의 사주를 가지고 여러 역술가들을 찾아다니면서 물었습니다. 물론 그 기자는 두 사람의 현재 살고 있는 형편을 다 알고 있지만 일부로 그걸 숨기고 물었습니다. 결론은 '역술가마다 그 대답이 천태만상이다' 라는 것이었습니다.

제가 지금부터 일반적으로 궁합을 본다고 하는 것이 '어떻게', '무엇'을 본다고 하는 것인지에 대해 대략적으로 말씀드리겠습니다. 물론 정말 능력 있는 역술인과 다소 차이는 있을 수가 있습니다. 그런데 대부분의 궁합을 보는 방법은 신살이라고 해서 '신살로 보는 방법'과 '사주를 가지고 보는 방법'이 있습니다. 사주(四柱)라 함은 연주(年柱), 월주(月柱), 일주(日柱), 시주(時柱)를 말합니다. 이 중에서 연주를 가지고 보는 방법은 한 사람이 경자생이면 '경자', 또 한 사람이 무오생이면 '무오' 이것을 가지고 궁합을 봅니다. 그런가 하면 속궁합이라고 해서 일주를 가지고 보는 방법이 또 있습니다. 그래서 그러한 것들을 보았을 때 합이 나온다거나, 서로 상생한다거나, 용신에 관한 부분이 잘 보충이 된다거나 하면서 아주 복잡한 이론을 얘기합니다.

그런데 현재 깊이 사귀고 있다면 이러한 궁합은 절대 볼 필요가 없습니다. 보아서도 안 됩니다. 궁합을 보지 않아도 될 이유에 대해서는 제가 뒤에 결론적으로 말씀을 드리겠습니다.

짝을 택함에 있어서 역학에서 보는 그 궁합이 하나의 조건이 될 수는 있지만, 절대로 그것으로 완전히 판가름해서는 안 됩니다. 왜 그런가? 확률은 어차피 반반이기 때문입니다. 또한 역학은 풀이한다는 말이 있듯이 정확하게 풀이하지 않으면 천차만별이기 때문입니다. 수학 문제를 풀 때도 10점이 있고, 30점이 있고, 70점이 있고, 90점이 있고, 100점이 있는 것처럼 역학을 잘못 푸는 사람들도 아주 많습니다. 보려거든 정말 능력 있는 사람에게 가서 궁합을 보기는 하되, 그것도 선을 봐서 맺어지는 중매와 같이 아직 깊이 사귀지 않은 상태에서나 궁합을 보는 것이 좋습니다.

궁합을 본 것이 하나의 조건이 될 수도 있긴 합니다. 예를 들어 '궁합이 아주 안 좋아'라는 말을 듣는다면 이미 기분이 나쁘지요. 그럼 한 번쯤 더 생각해 볼 수는 있습니다. 특히나 중매라면 아직 사귀기 전이니까 참고할 필요는 있습니다. 하지만 깊이 사귀고 있는 입장에서는 다릅니다. 절대로 보지 말아야 합니다. 아예 보지 않아야 합니다.

옛날식 생각으로 '궁합이 있지 않겠나, 결혼하기 전에 궁합을 한번 봐야지 않겠나?' 이런 생각이 든다면 아주 정말 능력 있는 사람에게 가서 궁합을 보되, 100퍼센트 믿을 것이 아니라 그냥 한 조건으로써 참고만 하시면 좋겠습니다. 정말 조금, 참고 정도만 하십시오. 재차 강조하여 말씀드립니다. 남녀 선천운의 조합이라고 볼 수 있는 사주팔자의 궁합은 참고는 할 수 있지만, 절대 거기에 전적으로 매달려서는 안 됩니다.

결론적으로 말씀드리겠습니다. 궁합이 정말 좋고, 배필감으로서 정말 잘 맞는 경우는 어떤 경우냐, 한마디로 말하자면 마음이 잘 맞으면 됩니다. 마음이 서로 잘 맞으면 그것이야말로 최상의 궁합입니다. "스님, 마음이 그리 잘 맞을 수 있습니까?"라고 할지도 모르겠습니다. 예, 그렇습니다. 자신의 마음도 잘 안 맞는 수가 많은데, 남과 마음을 맞추기가 보통 어려운 게 아니지요. 그런데 정말 마음이 선천적으로 잘 맞는 경우가 있습니다. 그런 경우에는 더없이 좋은 일이겠지요.

보통의 경우라면 마음을 잘 맞추기 위해서는 마음 닦

는 수행을 하면 됩니다. 마음공부가 어렵긴 하지만 마음을 바꾸는 데 있어 마음공부만큼 좋은 것도 없습니다. 수행만 한다면 그 어떤 것보다도 자기 마음 바꾸는 것이 제일 쉽습니다. 또 그것이 제일 좋습니다. 그러므로 마음공부를 통해서 우리가 말하는 자기 고집적인 에고(ego)를 없애야 합니다. 그렇게 하면 모든 것이 다 원만해집니다. 자기 에고가 없어짐으로써 상대도 이해되고 마음이 잘 맞습니다.

그러기 위해서는 절에 나와서 마음 닦는 수행을 하고, 불교 공부를 꾸준하게 해야 합니다. 일주일에 한 번씩만 절에 나와서 수행하고 공부하는 것을 평생 한다면, 이 사람은 배우자와 100퍼센트 궁합 좋은 사람으로 함께 살아갈 수 있습니다.

제가 불교대학 운영한 지가 28년 지나가고 있습니다. 그동안에 얼마나 많은 사람을 봤겠습니까? 1992년 처음 절을 열고 불교대학을 시작했는데, 그때 초등학교 중학교 고등학교 다니던 아이들이 부부가 되어 가정생활하는 것을 보게 됩니다. 때때로 '저 둘이 뭐 잘 살겠나? 참

최고의 조합, 최고의 궁합, 최고의 배필은 마음이 잘 맞는 짝입니다

어려울 건데…' 이렇게 생각이 드는 아이들도 있습니다. 그런데 그러한 아이들도 꾸준하게 절에 다니며 살다 보니 정말 아주 잘 삽니다. 불교대학 다니면서 불교 공부하고 불교 수행하다 보니 싸울 일이 없는 거예요. 두 부부의 이야기 소재도 다 절 얘기입니다. 같이 수행하다 보니 저절로 마음이 잘 맞아서 아주 행복하게 잘 사는 경우를 제가 아주 많이 봤습니다.

이처럼 둘의 관계에 있어 궁합이 조금 좋지 않다고 할지라도, 성격이 조금 맞지 않다 할지라도, 업의 빛깔이나 업의 방향성이 좀 맞지 않다 할지라도, 같이 손잡고 절에 꾸준하게 다니면서 불교 공부하고 불교 수행한다면 마음은 잘 맞아집니다. 함께 마음공부하는 부부의 마음이 잘 맞지 않을 수가 없습니다.

그러므로 우리 불자님들께서는 자제분들 손자 손녀들에게 반드시 얘기해야 합니다.

"너희들이 서로가 좋아서 결혼을 하는 것은 좋다. 딴 거 안 볼게. 대신 나와 약속 하나만 하거라."

그렇게 해서 약속장을 받아야 합니다. 아예 문서로

받으시라는 겁니다. '반드시 일주일에 한 번은 꼭 둘이 손잡고 불교대학에 가서 불교 공부를 하겠습니다', 또는 '일주일에 한 번은 꼭 절에 가서 불교적 수행을 하겠습니다' 이렇게 약속을 받아 놓으면 애들이 그리할 겁니다. 그렇게만 한다면 딴 것은 다 부차적인 문제입니다. 그런 약속을 하고 결혼한 아이들은 반드시 행복한 부부생활, 이생 끝날 때까지 백년해로할 수 있습니다. 제가 장담합니다.

두 사람이 만나서 사는 데 있어서 마음이 잘 맞는 것이 가장 중요한데, 그 마음이 서로 잘 맞으려면 마음공부를 해야만 합니다. 불심으로 마음이 맞으면 그 궁합은 최상의 궁합이라는 말씀을 제가 중언부언해서 계속 말씀드리고 있습니다.

지금처럼 코로나 때문에 절에 못 나갈 이런 일이 생기는 경우라면 유튜브불교대학을 통해서라도 서로 소재를 공유하고, 여기에서 말하는 대로 같이 수행도 하시면 됩니다. 유튜브불교대학을 통해서라도 얼마든지 마음의 교감을 가질 수 있고, 서로 마음을 맞추는 일이 될 수 있습니다. 그러니 자꾸 환경 탓하지 말고, 어떻게 하면 배우자와 마음을 잘 맞출까 생각하고 마음공부 부지런히 하시기 바랍니다. 공동의 관심사를 가진다는 것, 특히 불심으로써 마음을 잘 맞춘다면 함께 영원한 삶을 살 수도 있습니다.

최고의 조합, 최고의 궁합, 최고의 배필은 마음이 잘 맞는 짝입니다. 서로 마음을 잘 맞추기 위해서 반드시 명상 수행 등 마음공부를 꼭 하시기 바랍니다. 이러한 말씀을 재삼 드리며 마치겠습니다.

건강하시고 내일 다시 뵙겠습니다.
관세음보살

無一 우학
說法大典

50
절에서 안 먹는 채소

2020. 04. 19. 세계명상센터 보은전

관세음보살. 유튜브불교대학 시청자 여러분, 반갑습니다. 오늘은 '절에서 안 먹는 채소'에 대해서 말씀을 드리려고 합니다.

편지가 한 통 왔습니다. 그 편지를 먼저 읽어드리겠습니다.

"등산 갔던 남편이 뜯었다면서 달래를 한 움큼 가져와서는 '이걸 넣어서 된장찌개를 해달라'라며 보챘습니다. 저는 절에 다니고부터는 가급적이면 오신채 쓰는 것을 금하고 있는데, 이 때문에 가끔 남편과 실랑이를 합니다. 스님의 고견을 듣고 싶습니다."

이 편지에 이미 절에서 안 먹는 채소에 대한 답이 나왔지요? 절에서 안 먹는 채소는 오신채(五辛菜)입니다. 아주 오랜 세월 전부터 오신채는 절에서 먹지 않는 금기 식품으로 돼 있습니다. '다섯 오(五)'자에 '매울 신(辛)'자입니다. 즉, 다섯 가지 매운맛을 내는 채소를 말합니다. 그 다섯 가지 채소가 뭐냐? 파, 마늘, 부추, 달래, 홍거입니다. 나머지는 우리가 다 아는 채소인데 마지막에 홍거라는 채소는 좀 생소하지요? 홍거는 한문으로 홍

거(興蕖)라고 씁니다. 흥거는 서역 지방에서 나는 것이라고 나와 있습니다. 여기서 서역 지방이라 하면 인도를 말합니다. 제가 사진 자료를 좀 찾아보니 우리나라의 부추와 파의 중간쯤 되는 채소였습니다.

그렇다면 이 다섯 가지 채소 오신채는 왜 못 먹게 했을까요? 그 이유를 능엄경(楞嚴經)에서는 이렇게 나타내고 있습니다.

"오신채를 익혀서 먹으면 음란한 마음이 일어나고, 날 것을 먹으면 성내는 마음을 더하기 때문이다."

이를 현실적인 측면에서 생각해 보면 여기서 말하는 오신채들은 강장식품, 즉 좋은 스태미나 식품이므로 절집안에서 먹지 못하도록 금지한 것이 아닌가 하는 생각을 해 볼 수 있습니다. 또 이것들을 날것 그대로 먹으면 냄새가 오래갑니다. 옛날에는 조리 시설이 잘 되어 있지 않다 보니, 더러 날것도 그냥 먹었겠지요? 그런데 그렇게 날것으로 먹고 나면 그 냄새가 너무 오래가다 보니 날 것을 먹지 말라고 규범을 정했던 것 같습니다.

그렇다면 이 오신채는 언제부터 본격적으로 절에서

못 먹는 것으로 정했을까요? 학자들의 견해에 따르면 이는 힌두 문화의 영향을 받은 것으로 추정합니다. 4세기 굽타왕조 시대 인도에 힌두 왕조가 들어섰습니다. 힌두 왕조가 들어서면서 대중문화 속으로도 힌두 문화가 많이 전파되었습니다. 힌두 문화 중에 이 오신채를 직접 거론하면서 '오신채는 안 먹는 것이 좋다. 먹지 말아라' 이렇게 되어 있는 것이 있는데, 이것이 절 집안으로 흘러들어 온 것으로 추정하는 것입니다.

당시는 막 대승불교가 일어나서 자리가 잡히는 시대였습니다. 규율을 세우는 등의 일을 하면서 그 당시 대승 교단의 지도자들이 '우리 교단 안에도 좀 특별한 계율이 하나 필요하니까 오신채를 금하는 계율을 집어넣자' 이렇게 했다는 겁니다. 이는 학자들의 얘기입니다. 상당히 일리가 있고 아마 그렇게 했을 가능성이 크다고 봅니다. 그래서 오신채는 먹지 않는 계율이 제정됐다는 것입니다.

오신채 중 마늘(1)에 대해서는 이미 유튜브불교대학 생활법문 시간을 통해서 제가 말씀을 드린 바가 있어요.

마늘은 직접적으로 부처님과 관계됩니다. 그 일화들을 다시 간단하게 요약하여 말씀드리겠습니다.

한 번은 부처님께서 법문을 하고 계셨습니다. 그런데 한 비구가 부처님께서 법문을 하고 계시는 중에 마늘을 씹어 먹다가 부처님께 딱 걸렸습니다.

"지금 무얼 먹고 있느냐?"

"예, 마늘을 먹었습니다."

그러자 부처님께서 말씀하셨습니다.

"앞으로 너희 비구들은 절대 마늘 먹지 말라."

또 한 번은 어떤 사람이 비구니 스님께 "우리 밭에 마늘이 있으니 조금 캐 가서 드십시오."라고 하였습니다. 그런데 이 비구니 스님들이 욕심을 내서는 먹을 만큼 적당히 조금만 캐 간 것이 아니라 마늘밭을 완전히 망쳐놓았습니다. 말하자면 마늘밭을 아주 쑥대밭을 만들어 놨어요. 화가 난 마늘밭 주인은 부처님께 가서 "마늘을 먹을 만큼씩 적당히 캐 가라 했는데 다 캐고 밭은 아주 쑥대밭을 만들어 놓았습니다. 아무리 그래도 그렇지, 우리는 이제 뭘 먹고살라는 것입니까?"라고 말했습니다. 그러자 부처님께서는 비구니 스님들을 모아 놓고 "너희들은 앞으로 마늘을 먹지 말라." 이렇게 금지하셨다는 겁니다. 즉, 이러한 율(律)을 제정했다는 것이지요.

이상은 특별히 마늘에 대한 이야기였습니다. 마늘은 부처님 당시 이미 금지된 데 비해, 다른 오신채에 대한 계율은 늦게 제정되었다고 봅니다. 좀 전에 얘기했던 대로 대승 교단이 성립되어 막 정착하는 과정, 즉 4세기쯤에 오신채 금기 사항이 들어오지 않았는가 하는 것이 대부분의 학자들의 공통된 견해입니다.

하지만 이것은 절 집안에 대한 이야기입니다. 그렇다면 재가 신도로서 오신채를 어떻게 대해야 할 것인가에 대한 이야기를 좀 해 보겠습니다.

제가 분명히 말씀드렸습니다. 절 집안에서는 오신채를 먹지 않는 것이 미덕입니다. 우리나라 유일의 3년 정진 결사 도량인 무일선원 무문관에서는 일절 오신채를 쓰지 않습니다. 오신채가 안 들어가니 조금 맛이 없을지는 모릅니다만, 대부분의 스님들이 음식에 오신채를 조금이라도 쓰면 아주 난리를 냅니다. 그러므로 김치든 어디든 오신채는 일절 쓰지 않습니다.

그러면 세속에 사는 불자들도 오신채를 먹지 말아야 하는가? 한마디로 말하면 재가불자들은 오신채를 먹어도 됩니다. 이 오신채가 몸에는 매우 좋습니다. 아주 영양가가 많은 채소들입니다. 제가 조금 단호하게 말씀드리면, 우리 불자들은 먹어도 아무 문제가 없다, 오히려 재가자 입장에서 먹는 걸 가지고 시비 걸어서는 안 됩니다.

절에 와서는 맛이 좀 없더라도 오신채 없는 음식을 드시고, 집에 가서는 오신채를 넣어서 드십시오. 그것이 그렇게 죄가 되는 문제는 아닙니다. 대중들이 많이 모여 살 때는 그런 모든 것들이 지켜져야겠지마는 가족들 고작 두세 명, 서너 명 사는데 심지어 고기도 아니고 채소가 아닙니까. 채소를 가지고 먹느니 안 먹느니, 달래를 된장찌개 하는 데 넣어야 하나 말아야 하나, 그렇게 분별심을 낼 것까지는 없습니다.

우리가 때로 바깥에서 공양할 때도 있잖습니까. 옛날 버스밖에 없고 승용차가 흔치 않았던 시대에는 스님들이 열 명, 스무 명 단체로 움직일 때가 많았습니다. 그렇게 움직이다 보면 휴게소에서 공양할 때도 있습니다. 그런데 휴게소에서 나오는 음식들에는 오신채가 조금씩은 다 들어갑니다. 그러면 거기서 아주 까탈스럽게 "나는 못 먹는다. 오신채를 이렇게 넣어서 무슨 장사를 하느냐?" 이렇게 말하는 스님들이 있습니다. 그렇지만 한번 생각을 해 보십시오. 장사하는 사람들이 스님들만 보고 장사하는 것은 아니지요.

이것은 아주 오래된 이야기입니다. 한 대중이 자꾸 그러니 월산 큰스님께서 말씀하셨습니다. 월산 큰스님은 불국사에 계셨던 정말 보기 드문 아주 대 선지식이십니다. 큰스님께서 말씀하셨습니다.

"대충 먹어 두든지, 아니면 먹지 말든지 해라."

이렇게 아주 명답을 내놓으셨습니다.

그렇잖습니까? 그냥 나오는 대로 대충 먹든지 아니면 먹지 않으면 될 일이지, 왜 대중들의 마음을 소란하게 하느냐, 이 말씀이셨습니다. 월산 큰스님의 말씀이 딱 맞습니다. 이처럼 마을에서 오신채를 가지고 요리하는 것을 가지고 스님들이라도 시비 걸 것은 없다는 것입니다.

   그래도 오신채는 못 먹겠다고 하는 것은 불교에서 금하기 때문이 아니라 재가자로서 자기 개인의 음식 취향일 뿐입니다. 그걸 전체 가족들에게 강요할 필요는 없는 것입니다. 오신채는 몸에 아주 좋은 음식이기 때문에 더욱더 그렇습니다.

   연구 결과를 보면 오신채에는 알리신 같은 성분들이 있어서 혈액순환을 촉진한다고 합니다. 또 몸을 아주 따뜻하게 한답니다. 몸을 따뜻하게 하면서 기운을 돋우는 스태미나 식품입니다. 우리가 잘 살아가려면 힘이 있어야 합니다. 그러니 이러한 음식들도 다 필요한 것이지요.

   제가 앞서 오신채가 나오게 된 시대적 배경은 기원전 4세기 굽타왕조 시대라고 말씀드렸습니다. 4세기에 나온 것을 가지고 절대로 먹어서는 안 된다, 이렇게 갖다 붙일 이유가 전혀 없습니다. 가정에서 오신채를 드실 때는 가타부타 따질 것 없이 냄새 안 나도록 잘 조리하면 될 일입니다. 이걸 가지고 옳으니 그르니 시비해서는 안 됩니다.

절에 와서도 혹시 오신채가 나왔다고 해서 시비를 걸어서는 안 됩니다. 그 절에 사는 스님이 "나는 오신채 생각하지 않고 그냥 음식 먹는다. 그러니 그런 것 가지고 나를 너무 구속하지 마라."라고 말씀을 하신다면 그것을 가지고 스님과 싸울 이유는 없는 것입니다.

반면 오신채를 전혀 쓰지 않는 절에 가서 "음식이 왜 이렇게 맛이 없나요? 오신채가 안 들어가서 그런 거 같은데, 오신채 좀 넣으세요."라고 말하는 것도 주제넘는 얘깁니다. 그건 정말 말도 안 되는 얘기입니다. 그런데 가끔 그런 사람들이 더러 있습니다. "오신채라도 넣어서 맛을 내야지, 왜 이렇게 맛없는 음식을 신도들에게 주느냐?"라며 어깃장을 놓는 신도들도 없잖아 있는데, 그것 또한 옳지 않은 태도입니다.

정리해서 간단히 말씀드리겠습니다. 오신채가 나오면 나오는 대로 먹고, 오신채가 안 나오면 '여기는 오신채를 안 먹는가 보다'라고 생각하고 나온 음식을 그냥 먹으면 됩니다. 집에서도 가족들이 좋아하면 같이 먹고, 불심이 있어서 오신채를 먹지 않겠다고 하면 그것은 개인 취향이니 혼자 안 먹으면 될 일이지, 가족들과 시비하지 마십시오.

　오신채는 영양가가 많고 힘을 내는 식품임에는 틀림없습니다. 중국의 만리장성을 한번 보십시오. 중국의 만리장성은 보기만 해도 아주 엄청나지요. 저 만리장성을 쌓자면 얼마나 힘이 들었겠습니까? 그리고 이집트의 피라미드를 한번 보십시오. 대단하잖아요? 역사 기록에, 만리장성을 쌓고 피라미드를 쌓을 때 건설 노동자들에게 꼭 먹인 것이 바로 파와 마늘이었다는 기록이 있습니다. 즉, 파와 마늘이 힘을 내는 식품이라는 것이지요. 힘이라는 것이 다 나쁘겠습니까? 힘이 있어야만 세상을 사는 것입니다.

　'사음수(巳飮水)하면 성독(成毒)하고 우음수(牛飮水)하면 성유(成乳)한다' 라고 했습니다. 같은 물이라도 소가 먹으면 우유가 되고, 뱀이 먹으면 독이 된다는 말입니다. 즉, 문제가 물에 있진 않다는 말입니다.

　힘 그 자체에 문제가 있진 않습니다. 힘을 어떻게 쓰느냐에 따라서 힘의 선악(善惡)이 달라지는 것입니다.

그래서 중생이 힘을 나쁜 데 쓰면 그것은 업력(業力)으로 쓰는 것입니다. 하지만 좋은 일을 많이 하고 참 보살행을 많이 하는 사람들이 힘을 쓴다면 그것은 원력(願力)입니다. 업력을 쓸 것인가, 원력을 쓸 것인가 하는 그것은 힘을 쓰는 사람에 따른 문제이지 힘 자체가 나쁜 것은 아닙니다.

그러므로 혹시 오신채를 드신다면 그걸 기도하는 데, 명상하는 데, 참선하는 데, 보살행을 하는 데, 가족의 건강을 생각하는데 쓴다면 그것은 전혀 나쁠 것이 없습니다. 다시 말해 업력 중생이 아닌 보살의 원력을 실천하는 입장에서 잘 먹고 좋은 데 힘을 쓰면 될 일이므로 오신채를 먹는 것이 절대 나쁜 것은 아니라는 것입니다. 그런 관점에서 오신채를 먹는 것은 충분히 가능한 일입니다. 따라서 오신채를 먹어도 아무 문제 없다, 이렇게 제가 답을 드립니다.

우리 불자들은 가정에서 오신채를 드셔도 괜찮습니다. 드시되 그 힘을 좋은 데 쓰신다면 오히려 오신채는 매우 유익한 채소가 될 것입니다. 이를 재삼 말씀드리며 마치겠습니다.

 늘 건강하시고 내일 다시 뵙겠습니다.
관세음보살

참고하시면 좋은 법문
(1) 면역력을 높이자(설법대전 1)

無―우학
說法大典

51
불교 풍수지리(1), 묘지

2020. 04. 20. 세계명상센터 보은전

※ 불교신문 기획연재 '우학스님의 유튜브 불교대학'의 글을 그대로 수록하였습니다. 생생한 우학 스님의 설법은 유튜브에서 확인하시기 바랍니다.

 관세음보살. 유튜브불교대학 시청자 여러분, 반갑습니다.

풍수지리에 대해서 우리 국민들은 많은 관심을 가지고 있습니다. 그래서 3회에 걸쳐서 음택, 양택, 인테리어 풍수를 살펴보고자 합니다.

풍수(風水)라고 하면 말 그대로 '바람과 물에 대한 이야기' 입니다. 즉 풍수지리란 '물과 바람이 잘 조화된 지리적 여건, 이것에 대한 학설'을 말합니다. 그러므로 이 풍수지리의 핵심은 바로 조화된 자연환경, 균형 잡힌 산천 경계입니다. 특히 음택에 있어서는 이것이 가장 핵심입니다. 그런데 문제는 음택 풍수에 대한 이론이 참으로 다기망양(多岐亡羊) 하다는 것입니다. 하나의 묫자리를 보고도 지관마다 주장이 다른 경우를 보게 됩니다.

아무튼 선조들은 음택 풍수에 집착을 해온 것이 사실입니다. 하지만 요즘 와서는 이에 대한 관심이 급격히 줄어들고 있습니다. 화장 문화의 발달과 더불어 묘지의 관리가 예삿일이 아니기 때문입니다. 예전처럼 한마을에서 대를 이어 살던 시대가 아니고 그 후손들이 다 도회지로 나가서 살다 보니 생기는 자연적인 현상입니다. 그래서 최근에 들어서는 묘를 쓰기보다는 반대로 묘를 개장(改葬) 하여 그 안에 있는 뼈 또는 일부 흙을 가족 공동묘지 또는 문중 공동묘지로 옮기는 경우가 많아졌습니다.

제가 살고 있는 이곳 무일선원의 뒷 골짜기의 언덕에도 최근 조성된 김씨 종중 묘가 있는데, 그런대로 보기가 괜찮습니다. 조상 앞앞이 작은 비석을 세워서 표시를 해두었습니다. 이 산 주위에 흩어져 있는 김씨들의 묘가 거의 다 한쪽으로 모였다고 보여집니다. 그렇지만 뒷산을 포행하다 보면 아직도 묵묘가 많습니다. 수년 전까지만 하더라도 벌초를 했었는데, 재작년부터 아예 산소를 방치해서 아카시아 등 잡목이 무성해진 경우도 보게 됩니다. 아마도 후손이 끊어졌든지, 가족 분쟁 때문이 아닌가 생각합니다. 요즘 시대에 산소를 쓰는 것이, 이러한 부작용이 초래됨에도 불구하고 동기감응(同氣感應)을 들먹거리며 "묘를 잘 쓰면 후손들이 복을 받는다 하니, 꼭 묘를 써야 해!"라고 주장하는 사람도 없지는 않습니다.

그렇다면 우리가 객관적으로 생각을 해봅시다. 새 터

에 소위 말하는 '명당'이 나온다는 것이 쉽겠습니까? 아주 어렵습니다. 왜냐하면 수천 년 내려오면서 명당을 찾았을 텐데, 이 좁은 땅덩어리 안에 명당이 남아있기나 하겠습니까? 거의 없다고 보아야 합니다.

또 혹자는 묘를 이장해 간 뒤, 그곳이 명당이라면 그것은 가능하지 않겠느냐고 말할 수도 있습니다. 묵묘의 경우도 마찬가지겠지요. 묵묘가 명당이라면 묵묘로 방치되지도 않았겠지만, 설령 그곳이 명당이라 할지라도 다시 다른 묘를 쓸 수 없습니다. 풍수지리의 아주 기본 상식에는 "한 번 썼던 못자리는 기운이 이미 다 쇠해졌기 때문에 묘를 써도 아무 소용 없다. 오히려 큰 화를 당할 수 있는 악 터다."라고 나와 있기 때문입니다.

어쨌든 이런저런 경우를 따져보더라도 명당 터가 남아 있을 수는 없습니다. 또 한편 요즘은 공원묘지라 해서 많이 씁니다만, 여기 또한 명당을 찾기는 대단히 힘듭니다. 그러므로 '이 시대에 와서는 음택 풍수, 즉 묘지 풍수는 소용없어진 상황이 되지 않았느냐' 그렇게 생각하는 것이 맞습니다. 즉 '묘를 잘 써서 발복하겠다'라고 하는 생각은 버려야 합니다.

좀 다른 얘기입니다만, 묘를 잘못 써서 물이 찬 경우가 없잖아 있습니다. 물이 차지 않은 일반적인 경우에는 한 30년 정도 되면 뼈까지도 거의 다 삭아 없어집니다. 그러한 곳이 좋은 터입니다. 만일 '내 조상 묘에 물이 차지 않았겠나' 하고 의심이 든다면 개장을 해서 화장해야 합니다. 화장한 이후 납골 봉안당에 모시거나 수목장을 하면 됩니다. 풍수지리에 의하면, 보통 묘를 써서 발복하는 기간은 30년 정도입니다. 반대로 묘로 인해 화(禍)가 발생하는 경우도 30년 정도 봅니다. 찝찝해서 개장을 하였는데 물이 차있고 시신이 썩지 않은 상태라면 당연히 화장해야 합니다.

사실 묫자리에 대해서는 말도 많고 탈도 많습니다. '묘를 잘못 써서 그렇다', '묘 때문에 그런 일이 생겼다' 그러한 얘기를 많이 하지 않습니까? 우리나라 대통령 한 분이 돌아가신 후 묘를 썼는데, 이것이 세인들의 입에 오르내린 경우가 있었습니다. 그 묘가 구설수에 올랐던 것입니다. 그 후손이 잘못된 때가 있었는데, 그때 사람들은

'아, 그가 그렇게 된 것은 대통령의 묘가 흉터라서 그렇다'라고 했습니다. '묘 터를 잡은 지관의 잘못이 크다'라고 말하기도 했습니다. 당시에 가장 내로라하는 지관이 그 묘 터를 잡았을 텐데, 말이 안 되는 것입니다. 자손들이 좀 안 풀린다 해서 그 핑계를 묘 터에 갖다 붙이는 것은 참으로 어이가 없습니다. 그런데 상황이 바뀌어서 그 대통령의 자손들이 잠시 아주 잘 되었습니다. 그제야 사람들은 또 달리 말합니다. '봐라, 묘 터가 좋아서 그렇다. 그 지관이 명지관이었다' 살아있는 사람들의 상황에 따라 아무 말이나 갖다 붙이는 것입니다.

　사람의 운이라고 하는 것은 늘 기복이 있기 마련입니다. 길흉화복(吉凶禍福)이 늘 한 행렬로 가는 것은 아니지 않습니까? 그런데 그 대통령의 후손이 이번에는 아주 잘못되었습니다. 이제는 악 터니 명당 터니 하는 말을 지껄이던 사람들이 쑥 들어갔습니다. 묘 터에 대해서는 아예 말도 꺼내지 아니합니다. 대부분 사람들은 "잘되고 잘못된 것은 다 자기 복이지…."라고 생각합니다. 몇 번의 착오를 거치면서 제정신들이 돌아온 것입니다. 이 광명 천지에 살면서 우리의 생각이 어느 정도는 합리적이라야 합니다.

여기서 참고로 말씀드릴 것이 있습니다. 혹시 고인의 뜻에 의해 묘를 쓸 경우에는 3대까지는 관리가 되는 그런 위치를 잡으셔야 하고, 우선 물 빠짐이 잘 되는가를 보아야 합니다. 그저 전망 좋고, 물 빠짐이 좋으면 그것으로 만족해야 합니다. 이미 명당은 없습니다.

제가 호주, 미국에 나가서 포교를 할 때 묘지를 유심히 보았습니다. 그들의 묘지는 동네 바로 옆에 평평한 곳에 공동으로 있었습니다. 우리가 말하는 배산임수 같은 것은 전혀 고려하지 않았습니다. 그렇다고 그들이 가난하게 살지 않지 않습니까? 우리보다 더 잘 삽니다. 한편으로는 서구 사람들은 성당이나 교회의 바닥에다가 시신을 묻는 수도 있습니다. 이 또한 그들의 관습입니다. '신의 존재를 부정한다' 라고 했던 호킹 박사도 성당 바닥에 묻혔습니다. 후손들이 그렇게 한 것입니다. 제가 말씀드리고자 하는 것은 저 서구 사람들은 묘를 씀에 있어서 관습과 편리성과 위안 방편은 있을지 모르지만, 우리처럼 음택의 풍수지리에는 집착하지 않는다는 사실입니다.

아무튼 음택의 풍수지리를 따지는 시대는 지나갔다고 봐야 합니다. 옛날 저희들이 어릴 때만 하더라도 그런 걸 많이 따졌습니다. 불과 3~40년 전의 일입니다. 지금 와서는 음택 풍수지리를 논하는 자체가 없어졌습니다. 아주 잘된 일입니다. 좀 깨인 사람이라면 이렇게 생각해야 합니다.

"나는 내 복대로 산다. 내가 열심히 해서 내 스스로 선업(善業) 지어서 내 복만큼 산다. 조상의 묘 터로 덕 볼 생각 없다."

그렇다면 우리 불자의 입장에서는 고인을 어떻게 모시는 것이 가장 이상적일까를 살펴보겠습니다. 불교의 장례는 화장이 원칙입니다. 화장을 하면 육신은 없어지고 영식(靈識)만 남습니다. 그러므로 묘 터로 인한 일체 잡음은 없어집니다. 시신이 있음으로써 거기서 기운이 발산되고, 그로 인해 '득(得)과 해(害)가 있다'고 보기 때문입니다. 화장은 후손들에게 이익도 손해도 주지 않습니다. 따라서 명당이 없는 이 시대에 묘지로 인한 모든 불안감을 없앱니다.

돌아가시고 화장한 재를 처리함에는 세 가지 방법이 있습니다.

첫째는 산이나 강에 가서 뿌리는 수가 있습니다. 하지만 이는 위법입니다.

둘째는 수목장이라 해서 나무 밑에 화장한 재를 묻는 수가 있습니다.

셋째는 납골당에 모시면 됩니다.

저는 한국불교대학 大관음사를 운영하면서 신도님들의 사후 안락처를 꼭 제공하겠다는 일념으로 아주 어렵사리, 도심 사찰 최초로 '법당형 납골당'을 설치하는데 성공하였습니다. 그리고 수년 전에는 감포도량에도 납골당 및 수목장을 만들었습니다. 사찰 안에 납골당이 있다 보니 그 후손들이 거의 불교 안으로 흡수됨을 느낄 수 있었습니다. 불교식의 명당은 교통 편리하고 늘 목탁소리 들을 수 있는 '법당형 납골당'이라고 확신합니다.

 내일 다시 뵙겠습니다.
관세음보살

52
불교 풍수지리(2), 집터

2020. 04. 21. 세계명상센터 보은전

※ 불교신문 기획연재 '우학스님의 유튜브 불교대학'의 글을 그대로 수록하였습니다. 생생한 우학 스님의 설법은 유튜브에서 확인하시기 바랍니다.

 관세음보살. 유튜브불교대학 시청자 여러분, 반갑습니다.

불교 풍수지리 두 번째 시간입니다. 오늘은 양택, 즉 집터에 대한 얘기를 해드리겠습니다. 양택 풍수에 대한 이론은 음택 풍수만큼이나 아주 분분합니다. 두 가지로 압축하면 하나는 이론을 내세운 '이기론(理氣論)'이고, 또 다른 하나는 형세로 판단하는 '형기론(形氣論)'입니다. 이기론과 형기론은 둘 다 나름 의미가 있습니다만 불교적 입장에서는 조금 참고만 할 일이고, 진짜 중요한 것은 '마음의 문제'입니다.

그래서 제가 풍수지리에 없는 용어를 만들었으니 '심기론(心氣論)'이라는 것입니다. 심기론은 '환경에 맞추어서 생각을 하고, 또 생각대로 환경을 만들어 간다'라는 의미를 가지고 있습니다. 따라서 우리가 집터를 잡을 때 또는 이사를 하여 새집을 잡을 때, 지금부터 제가 말씀드리는 심기론을 잘 참고하시기 바랍니다.

저희 절의 경우입니다. 포교당 개원 당시 한국불교대학 大관음사는 법당이 아주 협소했습니다. 월세를 낀 전

셋집이었습니다. 열악한 환경 속에서 상당한 부채를 지고 지금의 대구큰절로 이사를 하게 되었습니다. 원래 이 자리에는 아주 낡은 3층짜리 창고 건물이 있었습니다. 각 층 70평에 낡고 허름하였으나 우리 신도님들은 우리 절이 생겼다며 너무도 환희스러워했습니다. 전세 포교당 시절에는 다른 절처럼 부처님 오시는 날, 땅 위에 줄을 치고 연등을 한번 달아보는 것이 소원이었습니다. 전세 포교당이 5층에 있었기 때문에 오르내리기에도 엄청 불편한 점이 많았습니다. 그러다가 땅을 밟을 수 있는 우리절이 생기니, 신도님들 전체가 나와서 도량을 만들었습니다. 건물을 수리하고 외관 벽에 직접 페인트칠을 하였습니다. 한창 리모델링 공사 중에 동네 터줏대감 몇 분이 찾아와서는 걱정 아닌 걱정을 했습니다.

"아이구 스님, 아직 젊으신데 여기 오신 것은 환영합니다만, 절이 잘 안될 것입니다. 이 건물 보십시오. 이미 30년 된 건물인데 여기 건물 주인이 사흘이 멀다 하고 바뀌었습니다. 망해서 나간 사업체가 한두 개가 아닙니다. 지금까지도 창고로 쓰이면서 방치되다시피 하였습니다.

이곳은 터가 안 좋습니다. 예전에 큰 물웅덩이가 있던 곳이라 무슨 일을 하던 다 물에 빠지는 형국입니다. 이기론으로 보나 형기론으로 보나 악터가 분명하니 잘 판단하십시오."

동네 사람들의 기분 찝찝한 방문이 있고 난 후, 5~6년 세월이 흘렀습니다. 그동안 우리절은 엄청난 발전을 했습니다. 공부하려고 몰려드는 사람이 얼마나 많은지, 말 그대로 인산인해를 이루었습니다. 입학하는 날이 되면 입학원서를 써서 제출하려고 몇 백 미터나 줄을 서는 진풍경이 벌어지기도 하였습니다. 우리 모든 신도님들의 적극적인 신행활동과 포교활동 덕분이었습니다. 일치단결하니 안 되는 일이 없었습니다. 도량 내외의 모든 사람들이 활화산처럼 일어나는 기적의 절이라고 칭송할 정도였습니다.

그렇듯이 절이 잘되어 가는 중에 또 그때 왔던 터줏대감 동네 주민들이 방문했습니다. 수년 전과는 전혀 다른 얘기를 하는 것을 듣고 '양택 풍수도 맞지 않구나' 하는 것을 느꼈습니다.

"스님, 여기는 터가 아주 좋은 것 같습니다. 여기는 원래 큰 물웅덩이가 있었습니다. 자연 저수지였지요. 앞산에서 두 갈래로 물길이 내려오다가 이 지점에서 같이 만났습니다. 그러니 스님 하시는 모든 일이 잘 될 수밖에 없지요."

제가 말했습니다.

"여기가 큰 자연 저수지, 물웅덩이였다는데 뭐가 그리 좋겠습니까?"

동네 어른들은 어디서 들은 바가 있는지 이렇게 답변했습니다.

"스님, 물웅덩이에 절이 들어섰다는 것은 큰 연꽃이 한 송이 핀 것과 같은 것이지요."

우리가 그런 말을 하지요? 꿈보다 해몽이 좋다고. 불사(佛事)가 잘 되니까 그렇게 좋게 말하는 것입니다. 그러한 것들이 다 마음 작용입니다. 결국은 심기론(心氣論)만이 유용합니다.

양택 풍수에 있어서 명당도 결국은 마음 작용에 달려 있습니다. 마음먹기에 따라서 명당이 되기도 하고, 흉터가 되기도 합니다. 명당터가 되는 것은 인간이 하기 나름입니다. 이기론이나 형기론은 이미 결론을 내놓고 '이 터는 된다, 안 된다' 하지만 심기론은 그렇지 않습니다. 모든 것이 유동적입니다. 이는 불교적 생각과도 맞는 이야기입니다. 우리 불교에서는 무슨 일을 하든지 간에 신심과 구도심이 얼마나 절실하고 큰가를 봅니다.

저희 한국불교대학 大관음사가 이렇게 해를 거듭할수록 발전을 하는 것은 수많은 신도님들이 구도심으로 마음을 모아주시고, 또 정법을 펴겠다고 하는 신심이 어우러졌기 때문입니다. 그러한 힘이 이 절터를 아주 튼튼하고 견고하게 한 것이지, 다른 이유는 없습니다. '다 망해서 나갔다'라고 하는 악터에서 신심과 구도심을 내고 응집력을 보이니까 모두가 부러워하는 명당터가 된 것입니다. 심기론(心氣論), 즉 마음의 기운이 모든 것을 좌우한다는 것을 확인할 수 있습니다. 그러므로 우리 불자들은 집터의 문제에 있어서도 '신심을 다부지게 견지(堅持)하고 있으면 문제없다'는 생각을 놓쳐서는 안 됩니다.

지금부터는 좀 다른 각도에서 말씀드리겠습니다.

만약 어느 집으로 이사를 가려고 하는데 '그 집의 기운이 별로이다. 집이 왠지 스산하고 들어가서 살면 꼭 병날 것 같다' 라는 생각이 들면, 전통방식의 기준에 그 집이 비록 명당이라 하더라도 소용없는 일입니다. 들어가시면 안 됩니다. 만약에 어쩔 수 없이 입주를 해야 할 경우라면 결심을 단단히 해야 합니다. '그래, 나는 정법을 믿는 불자니까 부처님의 위신력에 의지하겠다' 라는 신심으로 조석으로 금강경 등 대승경전을 유튜브의 음향으로 크게 틀어놓고 따라 하시면 됩니다. 그리고 공부 잘하는 스님 중에 아는 스님이 있으면 모셔다가 안택(安宅) 기도 한 번 하시면 됩니다. 그리고 그 스님한테 부탁해서 '마하반야바라밀' 등 경전 말씀을 경면주사로 쓴 경문(經文)을 현관 입구와 큰 방에 붙여 두시면 좋습니다. 오시는 스님이 붓글씨를 쓰는 분이면 그 스님 작품 하나 걸면 '만사 OK' 입니다. 경면주사로 사경(寫經)한 작품이라면 더할 나위 없이 좋습니다. 이렇게만 하면 그 집터로 인한 우환은 없습니다. 평소에 살면서도 가정이

연이어 시끄럽고 가족들에게 좋지 않은 일이 생기는 경우에도 위의 방법대로 하시면 금방 괜찮아지는 수가 많습니다. 불자들은 문제가 생기면 이상한 곳을 기웃거리는데, 그러면 안 됩니다. 불교적 방법을 찾아야 하고, 불교적 방편대로 하면 반드시 해결이 됨을 확신해야 합니다.

풍수에는 '비보풍수(裨補風水)'가 있습니다. 옛날에 도읍을 정할 때도 '비보사찰'이라 해서 그 기운을 보완하는 사찰을 지었다고 하지 않습니까? 그처럼 이사를 하면서 그 집의 약한 부분 때문에 도움을 받는 좋은 방법, 즉 비보의 방편은 가정법당을 하나 꾸미는 것입니다.

가정법당은 작은 부처님 상이나 부처님 사진 한 분을 모시고 '불(佛)'자(字) 하나 걸어두시면 됩니다. 옛날식의 양택 원리에는 장풍득수(藏風得水)니, 배산임수(背山臨水)니, 전저후고(前低後高)니 하는 말이 있습니다. 복잡하게 그 의미를 설명할 필요도 없이 무시해도 좋을 시대가 오고 말았습니다. 단독주택을 지을 때는 다소 참고는 해야겠지만 집단 다세대 주택에는 소용없습니다. 공

*정법(正法) 불자가 있는 곳이라면
처처(處處)가 불토(佛土)!*

동묘지를 밀어버리고 아파트를 짓는 시대에 살고 있음을 자각할 필요가 있습니다.

예전에는 물을 구하는 일이 큰 문제였습니다. 제가 지금 기거하고 있는 무일선원도 초창기 때는 물 때문에 불편함이 많았습니다. 하지만 지하수를 하나 팠더니 전 대중들이 그 물의 20퍼센트도 쓰지 못할 만큼 넉넉합니다. 그래서 장풍득수(藏風得水)의 득수는 기계 문명이 해결하였습니다. 장풍, 즉 바람막이도 그러합니다. 30층, 40층, 100층에 살면서도 우수한 방풍 재료와 단열재 덕분에 바람 걱정이 싹 없어졌습니다. 고층 아파트의 실내 온도가 얼마나 잘 유지되는지 겨울에도 속옷만 입고 살 정도 아닙니까?

그러므로 이제는 집터를 구할 때나 주택을 구할 때는 현실성만 따지면 됩니다. 현실성이란 것이 교통 좋고, 주위 환경 쾌적하고, 용도에 맞으면 됩니다. 현실성이 중요하지 재래식의 양택 풍수 이론은 시대의 흐름에 따라 물 건너갔다고 봐야 합니다.

결론적으로 재차 강조하는 것은 그 집을 다스리는 사

람들, 그 사람들의 마음이 가장 큰 관건이지 다른 것은 부차적입니다. 심기론(心氣論)만이 중요합니다. 불심(佛心) 갖고, 자신 있게 살면 명당 아닌 곳이 없습니다. 정법(正法) 불자가 있는 곳이라면 처처(處處)가 불토(佛土)입니다. 마음이 환경의 주인이고, 마음이 모든 환경을 만들어 냅니다. 심시조주(心是造主)입니다. 본래 악터, 흉터는 없습니다. 수행 정진하고 살면 다 좋아집니다.

내일 다시 뵙겠습니다.
관세음보살

無一우학
說法大典

53
훌륭한 학부모님

2020. 04. 22. 세계명상센터 보은전

 관세음보살. 유튜브불교대학 시청자 여러분, 반갑습니다.

오늘은 특별히 온라인 개학을 한 학생들의 뒷바라지를 하느라고 애를 먹는 우리 학부모님들께 한 말씀 드리겠습니다. 세월이 이러하다 보니 부모들이 여간 힘든 게 아닙니다. 오늘 생활법문은 전국에 계시는 모든 학부모님들께 전하는 법문이지만, 좀 더 구체적인 방향을 잡기 위해 제가 이사장 소임을 맡고 있는 경상북도 청도 소재의 참좋은 이서중·고등학교의 학부모님께 드리는 내용으로 말씀을 드리도록 하겠습니다.

한국불교대학 大관음사가 신도님들의 원력을 모아 불교적 인재 양성을 목표로 이서중·고등학교를 후원하고 운영한 지가 벌써 10년이 되었습니다. 빡빡한 절살림에도 불구하고 불교 정서를 담은 학교를 한번 만들어보자는 마음으로 각고의 노력을 하였는바, 이제 완전히 자리가 잡힌 것 같습니다. 기숙사를 비롯해서 학교의 모든 시설이 잘 정비가 되었고, 선생님들의 열의도 대단히 높아졌습니다. 그렇다 보니 해를 거듭할수록 생각 있는 학생들이 많이 입학하고 있습니다.

얼마 전에 국회의원을 뽑는 총선이 있었습니다. 그런데 총선 결과, 20대 국회보다 21대 국회에서 활동할 불자 국회의원이 많이 줄어서 다들 안타까워하고 있습니다. 저는 걱정만 해서 될 문제가 아니라 생각합니다. 한국불교대학 大관음사처럼 절에서 학교를 많이 인수하여 불자 인재 양성을 목표로 운영을 했을 때, 비로소 그 문제가 풀리지 않겠나 싶습니다. 전국 천 개의 사찰에서 학교를 하나씩 운영한다고 생각해 보십시오. 아마 불자인 인재들이 부족한 것을 걱정하지는 않아도 될 것입니다.

그러나 제가 짐작해보건대 현재 우리나라 중·고등학교를 기준으로 불교 학교라고 있는 것은 2, 30개가 안 될 것입니다. 참으로 안타까운 현실이 아닐 수 없습니다. 반면에 기독교계 학교, 가톨릭 계통의 학교는 수천 개입니다. 우리 모든 불자들은 후세 교육에 대해서 신경을 써 주시면 감사하겠습니다.

앞으로 우리 이서중·고등학교 출신의 인물들이 불교적 가르침을 바탕으로 장차 국가와 인류의 큰 일꾼들이 되어 주기를 진심으로 바라면서 학부모님들께 몇 말씀드리도록 하겠습니다.

이서중·고등학교 학부모님, 더 넓게는 전국의 초·중·고·대학생을 두신 학부모 여러분들께 드리는 말씀이니만큼 잘 한번 들어보시길 바랍니다. 이 유튜브 방송은 주로 불자들이 듣는 것이지 않습니까? 오늘 법문은 불자로서 우리 불교가 지금 무엇을 해야 하는가에 대해 생각해 볼 수 있는 시간이 될 수 있을 것입니다. 그러니 모두 귀 기울여 들어보시기 바랍니다.

우리 아이들에게 있어 중요한 것이 무엇일까요? 중요한 많은 것들이 있겠지만, 저는 자라나는 우리 아이들에게 있어 중요한 것에 크게 세 가지로 정리해 보았습니다.

뭐니 뭐니 해도 가장 중요한 것은 첫째로 건강입니다. 아직 청춘이 구만 리 같은 아이들이 건강을 잃는다면 그로써 끝입니다. 지금 비록 고육지책(苦肉之策)으로써 온라인 개학을 한 것도 따지고 보면 건강 때문이잖습니까. 그러므로 지금 하는 정부의 교육 행정이 다소 답답하더라도 건강이라는 측면에서 보면 아주 긍정적으로 수용해야 합니다.

　온라인 개학, 이는 불가피한 일입니다. 그러니까 너무 조급증을 내서는 안 된다는 말씀을 드립니다. 오히려 집에서 온라인을 통해서 열심히 공부하는 아이들이 건강하도록 건강한 음식을 많이 해 주면 좋을 것 같습니다. 우리 이서중·고등학교가 자랑하는 큰 장점 중 하나가 급식이 아주 잘 나온다는 것입니다. 우리 아이들이 전국에서 최고의 급식을 만들어 내는 학교라고 말합니다. 심지어 "빨리 학교 가서 밥 먹고 싶다." 그런 얘기도 합니다. 정식 개학을 하면 그 건강은 학교에서 책임을 질 테니, 당분간은 집에서 지내는 애들이 건강하도록 잘 챙겨 주시기를 바랍니다.

　자라나는 아이들에게는 그 무엇보다 건강이 최우선입니다. 건강해야지 공부도 하고 운동도 할 수 있는 것입니다.

　그다음 우리 아이들에게 중요한 두 번째는 무엇이겠습니까? 아이들에게 중요한 두 번째를 저는 인성(人性)으로 잡았습니다. 인성, 인간성, 즉 사람다운 사람이 돼야 한다는 것입니다. 바른 도덕관, 바른 국가관, 바른 세계관을 가져야만 합니다. 그렇지 못하고 인성이 비뚤어지면 부모까지 욕을 얻어먹습니다. 사회악이 될 수도 있어요. 아니, 사회악이 될 뿐입니다. 그러므로 부모님들은 이 아이가 정말 인간다운 인간으로 성장하고 있는지에 대해서 늘 살피고 훈육해야 합니다.

우리 이서중·고등학교에서는 바른 인성 교육을 위해서 거의 매일같이 명상 시간을 갖습니다. 그리고 인류의 빛이자 최고의 성자(聖者)이신 우리 부처님 말씀을 매주 배웁니다. 제 상좌 중에서도 특히나 능력이 출중한 두 스님이 직접 인간 됨됨이와 관련된 교육을 담당을 하고 있습니다.

분명 아이들 모두 정말 인간성 좋은, 인성이 좋은 아이들로 성장할 것입니다. 우리 학교를 다니면 저절로 다 효자 효녀가 될 겁니다. 학부모님들께서 멀리 있는 이서중·고등학교까지 자제들을 보내 주심에 대한 보답을 학교가 반드시 할 수 있도록 이사장인 제가 늘 관리하겠습니다.

마지막 세 번째입니다. 학생들에게 중요한 것 중 남은 하나는 무엇일까요? 바로 공부입니다. 학생들의 본업은 공부입니다.

그래서 제가 정리한 학생들에게 중요한 것 세 가지는 첫째 건강, 둘째 사람 됨됨이, 즉 인성, 셋째 공부입니다. 원래는 제가 공부 잘하는 비결(1)을 먼저 말씀드리려 했는데, 이것은 차후에 말씀드리기로 하고 학부모님들께 먼저 특별히 말씀을 드리고 있습니다.

우리 이서중·고등학교로 말할 것 같으면 전원 기숙사 생활을 하는데, 아침 5시, 6시가 되면 일어나고요. 밤 11시쯤이면 전원 취침입니다. 그렇다 보니 다른 헛짓거리를 할 공간도 없고 시간도 없습니다. 오직 공부에만 매진할 수 있도록 되어 있습니다. 이 얼마나 좋은 학교입니까?

전국의 우리 불자들께서는 이서중·고등학교에 대해서 좀 관심을 가져주시면 감사하겠습니다. 혹시 학교가 궁금하시다면 도로가 아주 잘 되어 있으니 지나가는 길에 들러서 보시는 것도 좋으실 겁니다.

이곳은 시골이라 피시방 같은 것이 거의 없습니다. 말하자면 공부를 방해할 만한 시설들이 거의 없기 때문에 공부하기에는 그저 그만입니다. 그리고 오후 방과 후에는 모자라는 실력을 보완할 수 있는 방과 후 보충수업이 아주 잘 돼 있습니다. 아주 유능한 학원 선생님이 와서 합법적으로 가르치는데, 그 때문에 좋은 성적을 얻어서 바라는 대학에 가는 수가 많습니다.

이처럼 우리 재단과 우리절에서는 학생들이 공부를 잘할 수 있도록 최선의 노력을 다하고 있습니다. 저는 늘 우리가 바른 교육을 통해 불교 발전은 물론이고, 우리나라 전체 발전에 도움이 되는 인재를 많이 양성해야 하지 않겠느냐는 생각을 하고 있습니다. 자라나는 아이들이 건강하고 인성이 좋으며 공부도 잘한다면, 우리 어른들도 그만한 보람을 갖게 될 것이며 대접받을 수 있는 것입니다. 따라서 우리가 바른 인재 양성을 위해 힘쓰는 것, 이는 불교 발전은 말할 것도 없고 국가 발전에 엄청난 일을 하고 있다고 봅니다.

제가 전국의 모든 학부모님들과 이서중·고등학교

학부모님들께 특별히 부탁을 드립니다. 자제분들을 위해서 반드시 기도를 하시기 바랍니다. 고3 되어서야 100일 기도하겠다고 하시지 말고, 평소에 늘 자제분들을 위해서 기도하는 부모님들이 되셔야 합니다. 자식이 아주 훌륭하게 되려면 반드시 부모님의 기도의 힘이 필요합니다. 세상에 나와서 빛을 낸 수많은 위인들을 보면 모두 다 부모님들의 기도가 있었습니다.

이 방송을 듣는 학부모님들도 다들 평소에 관세음보살을 하루에 30분 이상씩 꼭 좀 하시면 좋겠습니다. 관세음보살 30분 하고, 그 뒤에 발원문을 읽으시면 됩니다. 발원문을 작성하시는 것 등 아이들을 위한 기도에 대해서는 후일에 또 자세하게 말씀을 드리겠습니다.

우선에 염주 들고, '관세음보살' 하면서 아이들의 건강과 아이들의 공부 아이들이 반듯하게 자랄 수 있도록 그렇게 기도해 주시면 분명히 아이들은 훌륭하게 자랄 것입니다.

지금은 아이들과 같이 지내다 보니 스트레스도 많이 받으실 테고, 그렇다 보니 기도할 여력이 없을지도 모르

자식이 훌륭하게 되려면
반드시 부모님의 기도의 힘이 필요합니다

겠습니다. 그렇지만 아이들이 정식으로 학교를 가게 되면 그때는 시간 여유도 좀 있잖아요. 그러면 정말로 기도하는 부모님들이 되셔야 합니다. 한 번 시간이 지나가면 다시는 그 시간을 붙잡을 수 없습니다. 시간은 아주 중요합니다. 우리 부모님들이 정말 시간을 금쪽같이 생각하셔서 아이들 온라인 공부하는데 전념할 수 있도록 같이 좀 애써 주시면 좋겠습니다.

애들은 자꾸 나무라고 핀잔주면 안 됩니다. 나무라고 핀잔주기보다는 늘 격려하고 칭찬을 해 주셔야 합니다.

덧붙여 한 가지 더, 이성 교제에 대한 문제에 관해 말씀드리겠습니다. 아직은 아이들이 자기 마음을 양쪽으로 쓰기에는 시간이 부족합니다. 그래서 공부와 이성 교제, 이 두 가지를 다 할 수 없어요. 집중력이 떨어집니다. 분명히 공부에 지장 있습니다. 그러니 애들을 잘 타이르셔야 합니다. 이미 사귀고 있는 아이들을 헤어지게 하려면 그것은 매우 힘든 일이니까 애초에 이성 교제를 하지 않도록 막아 줘야 합니다.

한 사람의 인물을 키워 내는 데는 부모님들의 끝없는

사랑과 끝없는 관심이 꼭 필요합니다. 그리하여 자식을 잘 키운다면 가문을 빛내는 일일뿐만 아니라 그것이 애국의 길, 국가를 빛내는 길이기도 하다는 생각을 해 주시면 좋겠습니다.

그리고 후일 날짜는 언제가 될지 모르지만 정식 개학을 해서 학교를 가게 되겠지요? 어쨌든지 아이들이 학교 선생님들을 진심으로 존경하도록 은연중에 계속 교육을 해주셔야 합니다. 학교 선생님을 존경하지 않으면 인성 교육, 학교 교육도 다 끝입니다. 학교 선생님을 존경하지 않는 사람이 무슨 좋은 일을 하며 무슨 공부를 하겠습니까?

우리는 부모로서 무엇이 자식을 위한 길인지를 분명히 인식하고 있어야 합니다. 훌륭한 부모님이 훌륭한 자식도 길러 낸다는 책임감과 거기에 대한 확신을 가지고 아이들을 잘 지도해 주시기를 바랍니다.

또한 학부모님들께서는 제가 현재 하고 있는 이 유튜브 방송을 자주 보시면 좋겠습니다. 여기에는 불교 정서가 듬뿍 담겨 있습니다. 그리고 이를 통해 인생 공부의 수준, 불교 공부의 수준도 많이 높일 수가 있습니다.

하루 한 번, 꼬박꼬박 시간을 내서 유튜브불교대학의 생활법문을 꼭 좀 보시면 좋겠습니다. 그러면 가정 화합, 가정 화목은 말할 것도 없고, 자제분들을 훈육하는 데도 많은 도움이 되실 것입니다.

다시 말씀드립니다. 전국의 우리 학부모 여러분들은 자식을 위해서 기도하는 부모님이 되셔야 합니다. 자식이 잘 되면 부모님에게도 그 공덕이 다 돌아갑니다. 부디 '그 집은 부모님이 훌륭하다' 그런 소리를 좀 들으시기를 바랍니다. 아울러 전국의 우리 모든 불자들께서도 불교 발전과 불교 학교에 대해서 관심을 좀 많이 가져주시면 감사하겠습니다.

건강하시고 내일 다시 뵙겠습니다.
관세음보살

참고하시면 좋은 법문

(1) 공부 잘하는 비결(설법대전 11)

無一우학
說法大典

54
청소년 마음공부

2020. 04. 23. 세계명상센터 보은전

 관세음보살. 유튜브불교대학 시청자 여러분, 대단히 반갑습니다. 오늘은 어제 예고해 드린 대로 현재 온라인 개학을 한 우리 중·고등학생들에게 한 말씀 드리겠습니다.

이 코로나 사태는 참으로 전대미문의 사건입니다. 개학도 온라인으로 겨우 하게 되었습니다. 전국의 우리 중·고등학생들에게 일면 축하를 드리고, 일면 심심한 위로의 말씀을 전합니다.

저는 경북 청도 소재 참좋은 이서중·고등학교의 이사장을 맡고 있는 입장에서 넓게는 전국의 학생들, 좁게는 이서중·고등학교 학생을 상대로 말씀을 드리고자 하오니, 귀 기울여 잘 들어 주시면 좋겠습니다. 또한 중고등학생들의 부모님, 가족들 모두 다 서로 인연 되어 있지 않습니까. 더 넓게는 유치원, 대학생들까지도 다 관계되어 있지 않은 사람이 없습니다. 그러니 그런 분들까지 모두 다 함께 들어 주시면 좋겠습니다.

먼저 올해 처음 학교에 입학한 1학년들에게 특별히 한 말씀 드리며 시작하겠습니다.

중학교 1학년, 고등학교 1학년 학생 여러분, 이제 시작입니다. 이전 학교에서 성적이 조금 안 좋았다 하더라도 이제 시작이니 지금부터 열심히 하면 된다는 말씀을 드립니다. 들어올 때는 같이 들어왔지만 나갈 때는 분명히 차이가 날 것이라는 것을 생각해야 합니다. 지금, 이제 막 시작을 한 것입니다. 이제 비로소 출발선에 제대로 선 것이지요. 그러니 지금부터 하면 됩니다. 다부지게 하기만 하면 됩니다.

그리고 올해 고3이 되는 우리 학생들에게 특별히 말씀을 드리고 싶습니다.

여러분! 잘 마무리하면 됩니다. 끝이 좋아야 다 좋은 것입니다. 아마 곧 정식 등교도 하지 않을까 싶긴 합니다만, 지금은 온라인 공부 중에 있는 등 상황이 열악한 것이 사실입니다. 하지만 절대 지금 성적에 절대 안주하지 말고, 성적이 좀 안 좋다고 해서 포기하지 말고 끝까지 해 보는 겁니다. 끝까지!

세상의 모든 일이 그렇듯이 원하는 대학을 갈 때도 간발의 차이로 당락이 결정됩니다. '될까, 말까?' 그런 경우가 참으로 많습니다. 그러니까 우리는 끝까지 해 보는 겁니다.

끝날 때까지는 끝난 것이 아니라고 말들 하지요. 간간이 합격의 성취를 상상하면서 '나는 분명히 합격할 수 있다'는 자신감과 확신을 가지고서 주어진 여건에서 최대한 노력을 해 보는 겁니다. 그렇게 남은 시간, 시간 최선을 다하면 분명히 좋은 결과가 있으리라고 봅니다.

그러면 지금부터는 중학교, 고등학교, 대학생을 포함한 모든 학생들 상대로 말씀을 드릴 테니 집중해서 좀 들어보시기 바랍니다.

첫째, 피해의식은 버리고 현 상황에 빨리 적응해야 합니다. 현재 전국적으로 모든 학교에서 온라인 강의를 하고 있습니다. 그것은 누구에게나 다 공평한 것입니다. 그러므로 하루빨리 적응해야 합니다. 피해의식, 즉 나만 손해 본다는 피해의식은 버리고, 빨리 적응해서 온라인 강의를 충실히 들어야만 합니다.

둘째, '나는 공부하는 학생이다'라는 것을 똑똑히 의식하며 늘 깨어있어야 합니다. 요즘 대부분의 시간을 집

"여러분은 무한 능력의 소유자입니다"

에서 생활하다 보니 자기가 학생임을 잊어버리는 수가 있어요. 항상 깨어있어야 합니다. 자신이 공부하는 학생임을 하시라도 잊어서는 안 됩니다. 똑똑히, 학생임을 의식해야 합니다.

셋째, 현실을 인정하면서 포부를 가져야 합니다. 지금의 자기 가정환경 등 이런 현실적인 문제를 다 받아들여야 합니다. 그러면서 앞으로 전진해야 합니다. 요즘 부모님들 때문에 스트레스를 받아서 부모님과 자주 싸운다는 얘기도 간간이 들립니다. 절대로 그러면 안 됩니다. 부모님은 이미 많은 경험을 가신 분들입니다. 그 말씀에 대해서 반박하고 싸워서는 안 됩니다. 의견 충돌로 인해 어른들과 싸우는 일이 없기를 바랍니다.

저의 많은 경험을 통해서라도 보면 어른들에게는 지는 것이 좋아요. 진다는 생각도 하지 말고, 어른들의 말씀을 따르는 것이 좋습니다.

넷째, 내 안의 무한한 나를 믿어야 합니다. 내 안의 무한한 나, 즉 불교로 말하면 불성(佛性), 부처님 성품입니다. 불교에서 말하는 불성, 부처님 성품은 '무한 가능성의 나'를 말해요. 그 부처님 성품을 믿어야 합니다. 다시 말해 '나는 무한 능력의 소유자다. 그러므로 나는 내가 개발하기 나름이다' 이 생각을 해야 합니다. '나 속에 있는 멋진 나' 그 멋진 나를 만날 생각을 해야만 합니다. 그러기 위해서는 안 된다는 생각은 절대 하지 말고, 그저 부단히 노력하기만 하면 됩니다. 그리하여 내 안의 무한한 나를 꼭 만나기를 바랍니다.

다섯째, 선생님들을 100퍼센트 신뢰해야 합니다. 중·고등학생들뿐만 아니라 대학생도 마찬가지입니다. 학교 선생님들을 존경해야 합니다. 불교에서는 선생님과 만난 인연을 두고 '만(萬) 생의 인연으로 만났다' 이렇게 말합니다. 만났다 헤어지고, 또 만났다 헤어지는 것을 만 생 동안 하였다는 것입니다. 만 번 태어나고 만 번 죽고, 태어나고 죽고 태어나는 그러한 만 생의 인연 끝에 이번 생에 와서 드디어 사제(師弟) 간의 인연을 맺게 되었다는 말입니다. 이는 결코 단순한 문제가 아닙니다. 따라서 우리는 그 두터운 인연을 생각해서, 나 자신의 공부와 인격 수양을 위해서 어떤 경우에라도 선생님을 신뢰

하고 존경하고 사랑해야 합니다.

　여섯째, 하고 싶은 것을 자제해야 합니다. 감정을 스스로 이겨내는 사람이 훌륭한 사람입니다. 컴퓨터 게임도 하고 싶고, 이성 교제도 하고 싶지요? 그럴 때 일어나는 자기 마음을 가만히 들여다보면서 '아! 내가 이렇게 해서는 안 되지. 이 정도는 이겨내야지' 그러한 강한 의지를 발동해야 합니다. 특히 이성 교제에 있어 그러합니다. 이제 막 피가 끓는 나이다 보니, 이성 교제에 대한 생각이 왜 없겠습니까? 그런 마음이 일어날 때도 강한 자기 통제 의식을 발동시켜야 합니다. 나중에 얼마든지 그럴 시간이 있습니다. 지금은 공부하기에도 바쁠 시간입니다. 금쪽같은 시간인데 그러한 곳에 시간을 낭비하면 안 됩니다.

　우리의 의식 집중력은 동시에 두 군데에 마음을 쓸 수 없도록 되어 있습니다. 공부할 때는 공부에만 매진해야 할 일이지, 이성 교제하고 컴퓨터 게임을 하는 등 이것저것 하다 보면 공부에 엄청난 지장을 받습니다.

　자제해야 하는 시간이 긴 것 같지요? 아닙니다. 그 세

월은 불과 2, 3년 길어봤자 3, 4년입니다. 고작 그것을 못 견디고 어른들처럼 이성 교제하다 보면 나중에 크게 후회합니다. 스스로 자제해야 합니다. 또 스스로 자제할 수 있는 사람이 훌륭합니다. 시간이 많지 않습니다.

일곱째, 공부를 즐겨야 합니다. 성취, 성공은 즐기는 자의 것입니다. 공부도 마찬가지입니다. 즐기는 자는 공부 성공, 공부 성취를 할 수 있습니다. 억지로 하지 말고 기꺼이 해야 합니다. 즐겁다, 즐겁다 하면 또 즐겁게 됩니다. 스스로 '공부는 즐거운 것이다' 라고 하면서 자주 자기 암시를 많이 하기 바랍니다.

사실 이 세상에 공부만큼 수월한 것이 없습니다. 안 해서 그렇지 공부가 제일 쉽고 제일 빨리 가는 길입니다. 그러므로 즐겁게 기꺼이 그 공부를 즐기면서 할 일입니다.

여덟째, 누구를 보든지 간에 인사를 잘 해야 합니다. 인사는 인성, 인간성, 인간 됨됨이의 기본입니다. 공부를 아무리 잘 해도 인사성이 없으면 그 사람은 미움받습니다. 우리가 '밉상' 이라고 그러잖아요. 공부는 좀 하는데 인사성이 없어 봐요. 그 인정 못 받습니다.

부모님께도 늘 감사하다는 마음으로 인사를 잘 해야 합니다. 그리고 이웃 사람을 만나도 인사를 잘 해야 합니다. 특히 학교 선생님께는 열 번을 만나더라도 열 번 '선생님, 안녕하십니까' 하고 인사해야 합니다. 반드시 목례라도 해야 합니다.

요즘 집에서 공부하다 보면 더러 선생님으로부터 전화가 올 겁니다. 그러면 전화 속에서라도 인사를 잘 해야 합니다. "선생님, 안녕하십니까?" 하든지 "선생님, 잘 계시지요?" 이렇게 인사부터 하고 본론적인 얘기를 해야 하며, 전화를 끝내면서도 "선생님, 다음에 뵙겠습니다." 등 끝마무리 인사까지 꼭 하는 것이 중요합니다.

늘 인사 잘하는 습관이 몸에 제대로 배면 나중에라도 좋은 사람들을 많이 만나게 됩니다. 이 사회는 인사성이 없는 이를 대접하지 않습니다. 그러므로 학교 안에서 그런 훈련을 잘 해야겠습니다. 단순히 훈련의 차원을 넘어서서 인간적으로라도 인사는 당연히 기본적으로 해야 하는 것이지 않습니까.

아무튼 학교 선생님을 존경하며 인사를 잘 해야 하며, 부모님을 사랑하면서 늘 인사해야 합니다. 그리고 만나는 사람 친구들 간에도 인사성이 좋아야 합니다.

아홉째, 공부 시작 전에는 반드시 잠시 명상을 하십시오. 명상에는 참으로 다양한 방법이 있는데, 우리 학생들이 가장 간단하게 할 수 있는 방법을 소개하겠습니다. 우선 조용히 앉아서 속으로 숫자를 거꾸로 세어 보십시오. '열, 아홉, 여덟, 일곱, 여섯…' 이렇게 쭉 해서 '하나' 까지 하면 됩니다. 이렇게 하는데 10초 내지 15초 정도 시간이 걸립니다. 이 10초 정도의 시간 동안만이라도 호흡을 가다듬는 명상부터 하기 바랍니다.

또 불교를 알고 불교를 믿는 학생들의 경우라면, 숨을 들이쉬고 내쉬는 거기에다가 '관세음, 보살, 관세음, 보살, 관세음, 보살…' 이렇게 해서 한 10번 정도 하면 됩니다. 들숨과 날숨에 각각 '관세음' 과 '보살' 을 붙여서 10번 정도 하라는 말입니다. 숫자는 손가락으로 세어가면서 하면 됩니다. 그러면 들뜬 마음이 가라앉고, 내재하고 있는 깊은 자기 자신이 머리를 내밀면서 내 마음,

뇌가 공부할 준비가 됩니다. 그러면 공부의 집중력이 100배는 더 좋아질 것입니다.

전국의 중·고등학생 여러분, 이서중·고등학교 학생 여러분, 멀지 않아서 곧 정식 개학이 될 것입니다. 정식 개학이 될 때까지는 집에서라도 온라인 공부에 충실하십시오. 진정한 실력 배양은 남이 보지 않을 때 하는 것입니다. 이를 마음에 딱 새기십시오. '진정한 실력 배양은 남이 보지 않을 때 한다', 이 생각을 가슴에 딱 품고서 남이 보지 않을 때 집에서도 아주 열심히 하시기 바랍니다. 제가 후일 다시 시간을 내서 공부 잘하는 비결(1)에 대해서 한 번 더 말씀을 드리겠습니다. 뭐니 뭐니 해도 건강이 최고 중요함은 두 말할 것도 없습니다.

다들 건강 잘 지키시고 후일 또 뵙겠습니다.
관세음보살

참고하시면 좋은 법문

(1) 공부 잘하는 비결(설법대전 11)

55
불교 풍수지리(3), 인테리어

2020. 04. 24. 세계명상센터 보은전

※ 불교신문 기획연재 '우학스님의 유튜브 불교대학'의 글을 그대로 수록하였습니다. 생생한 우학 스님의 설법은 유튜브에서 확인하시기 바랍니다.

관세음보살. 유튜브불교대학 시청자 여러분, 반갑습니다. 오늘은 풍수지리의 한 분야인 인테리어 풍수, 즉 실내장식 풍수에 대해서 살펴보겠습니다.

인테리어 풍수 역시 제가 주장하는 심기론(心氣論)에 바탕을 두고 있습니다. '마음 가는 대로, 마음 편한 대로 인테리어를 하면 된다' 는 말씀입니다. 불자(佛子)로서 인테리어를 함에 중요한 점이 있다면, 불교와 관련된 소품을 적재적소에 비치하는 것입니다. 즉, 스님들의 손을 거친 서예 작품, 도자기 작품, 그림 작품, 사진 작품이라든가, 부처님이나 절과 관계되는 불교 용품들을 잘 장식, 설치하면 좋습니다.

그리고 제가 가끔 말씀드리는 가정법당을 하나 꾸민다면, 불자로서 실내 인테리어의 가장 압권이 될 것입니다. 그 가정법당으로 인해서 나쁜 기운이 들어오는 것도 막을 수 있습니다. 또 이미 나쁜 기운이 있다면 저절로 소멸될 것입니다. 그리하면 가정은 늘 편안하고 가족들은 모두 건강할 것입니다. 적어도 불자라면 그러한 믿음이 있어야 합니다.

　가정법당 꾸미기를 너무 부담스럽게 생각 안 하셔도 됩니다. 부처님 사진 하나 걸면 됩니다. 그리고 또 스님들이 주시는 액자나 족자 하나 걸고, 바닥에는 좌복 하나 놓으면 됩니다. 향 하나 사를 수 있는 작은 향로 하나 있으면 아주 훌륭한 법당이 됩니다. 향로는 작은 종지에 쌀이나 모래를 담으시면 간단합니다. 가정법당이 꾸며지면 집에서 기도하거나 참선할 때는 당연히 이곳에서 하셔야 합니다. 그러면 안정감도 있고 일의 성취에 대한 예감도 특별할 것입니다.

　집에 가정법당 하나 꾸며 놓으면, 늘 든든하고 가족들이 안온해 할 것입니다. 생기(生氣)가 돌고 개운(開運)하여 좋은 일을 불러올 것입니다. 어떤 사람은 집에 부처님 모시는 것은 '부담스럽다', '그거 안 좋은 게 아니냐' 하고 엉뚱한 소리를 합니다만, 절대 그런 소리에는 개의치 않아야 합니다. 가정법당 꾸미기는 '불교의 생활화'라는 측면에서도 아주 중요합니다. 가정마다 법당 하나씩 있다면 절에 잘 못 나가는 요즘 같은 코로나 시대에는 정말 요긴할 것입니다. 가정법당에 앉아서 조석예불이나 사시불공을 인터넷 생방송을 통해서 같이 할 수 있다면, 이 얼마나 좋은 일입니까? 각 가정마다 공간 활용을 잘해서 가정법당을 꼭 하나씩 꾸미시길 바랍니다.

지금부터는 일반적인 이야기를 좀 하겠습니다. 아파트든 단독주택이든지 간에 밖에서 집안으로 들어설 경우에, 입구가 깨끗하게 정리된 듯이 보이는 게 좋습니다. 입구가 지저분하고 냄새 등 불쾌감이 유발되면 나쁜 운이 들이닥칠 수 있습니다. 마당이 있다면, 마당에는 예쁜 꽃도 심어서 가족들의 마음이 환히 밝을 수 있도록 하면 좋습니다.

다음으로 문을 열고 막 들어서면 보통 거실인데 거실의 소파가 바로 보여야 합니다. 그래야 소파에 앉은 사람이, 현관문을 열고 들어오는 사람이 누군지 금방 알 수가 있습니다. 소파의 크기는 너무 크면 안 됩니다. 적당해야 합니다. 물론 너무 작은 것도 안 좋습니다. 그리고 거실에 어항을 놓는 사람이 더러 있는데, 이 또한 너무 큰 것은 안 됩니다. 화초도 마찬가지입니다. 어떤 집에 가보면, 그러한 것들이 너무 커서 부담스러운 경우가 있습니다. 식물이 너무 크고 어항이 너무 크면 그러한 기운에 사람이 치이는 느낌을 받을 때가 있으니 유념할 필요가 있습니다.

그리고 거실에는 스님이 쓴 서예 작품 한 점 정도는 있으면 좋습니다. 그림이라도 좋습니다. 스님들 작품이 걸려 있으면 나쁜 기운이 다 걸러진다는 믿음이 중요합니다. 실지로 그럴 수가 있습니다. 그다음 중요한 곳은 침대가 있는 침실입니다. 어떤 사람은 '침대는 절대로 북쪽을 향하면 안 된다'라고 하는데 그것은 말이 안 됩니다. 편하게 잘 수만 있다면 북쪽도 관계없습니다. 단, 침대가 화장실 쪽으로 향하는 것은 안 됩니다. 즉, 화장실을 향해 자면 안 좋습니다. 가급적이면 들어오는 문 쪽으로 자는 것도 피해야 합니다. 창이 있다면 잘 때는 반드시 창을 가릴 수 있어야 합니다. 짙은 커튼으로 가리면 됩니다.

한편, 침실 안에는 쓸데없는 것들을 주렁주렁 건다거나, 큰 거울을 설치하는 것 또한 피해야 합니다. 특히 깨진 거울은 절대 안 됩니다. 큰 거울을 설치하지 말라고 한 것은 거울이 너무 크면 또 다른 내가 그 속에 들어가 있기 때문에 내 기운을 분산시키는 일이 됩니다. 우리가 잠을 잔다는 것은 모든 신체 기능을 완전히 새로 세팅(setting) 하는 그런 시간이지 않습니까? 그런 시간에 '거울이 너무 큰 게 있으면, 리셋(reset) 하는데 많은 방해를 받는다' 라는 심리연구 결과도 나와 있습니다.

한편, 잠을 자는 방향을 두고 '자기 사주에 따라서 좀 다르다' 라고들 하는데, 거기까지 생각을 하시지 말고 그냥 자보고 편안한 방향이면 됩니다. 자다 보면 본인이 느끼기에 좋은 방향이 있을 것입니다.

다음은 전체 집안 인테리어 분위기에 대해서 말씀드리겠습니다. 가능하면 각이 지거나 뾰족한 가구는 피하는 것이 좋습니다. 그러한 가구들로 인해 가족들이 정서적으로 불안해질 수도 있습니다. 탁자도 각이 있는 것은 좀 피하고, 모서리가 둥그스레한 것을 놓으십시오.

또 식탁 등 탁자 위에 유리를 깔아두는 수가 있는데, 이때는 유리가 그대로 보이도록 하지 말고 그 위에 천 종류를 덮든지, 부분적으로라도 처리를 해서 언제 보더라도 삭막한 기운이 나지 않도록 하는 것이 좋습니다. 또더러 보면 소파가 가죽으로 되어있는 수가 있는데, 인조로 된 가죽이면 별문제가 없으나 진짜 가죽은 좀 피하는 것이 좋습니다. 만약, 이미 집에 있는 소파가 진짜 가죽일 경우에는 천으로 덮든지, 아니면 참선하는 좌복 등을 중간 중간에 놓는 것이 좋습니다.

그리고 거실이나 방에 꽃을 놓는 경우가 있습니다만, 꽃도 너무 많으면 안 좋습니다. 또한 꽃이 시들면 바로 빼야 합니다. 꽃이 시드는 것을 보면 당연히 그 시드는 기운을 받게 됩니다. 그리고 요즘 와서 조화를 취미 삼아 많이 만드는데, 작은 것은 관계없으나 너무 크면 안 좋습니다. 너무 크면 '내 기운을 뺏기는 수가 있다'라고 생각해야 합니다. 또한 '드라이플라워'라고 해서 말린 꽃이 있잖습니까? 말린 꽃도 적당히 큰 것이라야 합니다. 작은 꽃은 별 상관이 없으나 너무 크면 좋지 않습니다. 꼭 참고할 일입니다.

그리고 집집마다 화초를 많이 키우시는데, 화초도 삐

죽삐죽한 것은 피하는 게 좋습니다. 가급적 동글동글하고 부드러운 것이 좋습니다. 삐죽삐죽한 것은 가족들의 정서를 삐죽삐죽하게 하기 쉽습니다. 반면에 동글동글한 것은 가족 구성원들의 마음을 동글동글하게 합니다. 또한 화초의 크기는 가족 중에서 제일 키가 작은 사람 위주로, 그 사람의 키보다 화초의 크기가 작아야 합니다. 너무 크면 그 또한 화초의 기운에 사람이 치이는 수가 있습니다. 혹시 그런 화초가 있다면 베란다 쪽이나 바깥쪽으로 완전히 빼내야 합니다. 거실이나 방안에 두면 안 됩니다.

그리고 철로 된 가구는 그렇게 좋지 않습니다. 만일 철로 된 가구가 있다면 천으로 잘 가려야 합니다. 가구는 나무로 된 가구가 무난합니다. 나무의 성질 자체가 우리의 심성을 부드럽게 하기 때문입니다.

실내 인테리어의 주안점은 그저 마음이 편안하고 부담스럽지 않으면 됩니다. 소위 전문가라고 하는 사람들이 쓸데없는 이야기를 많이 하는데, 싹 무시해도 됩니다. 예를 들면, '들어오는 입구에 소금을 놔야 잡귀가 침범

하지 않는다'라는 말들입니다. 이 유튜브 방송을 듣는 불자 정도라면 엘리트라고 봅니다. 엘리트 불자답게, 엘리트 불자니까 그냥 깔끔하게 불교식으로 장식하면 그걸로 크게 만족할 일입니다.

제가 강조하기로, 심기론(心氣論)이라 했습니다. 심기의 원리, 심기의 법칙은 마음 에너지의 원리, 마음 에너지의 법칙입니다. 그러한 입장에서 불자로서의 실내 인테리어 풍수도 생각하면 됩니다. 불자의 집 분위기에 맞게 불교식 인테리어를 하자는 것입니다. 그래서 부처님 사진도 좀 걸고, 절 사진이나 스님들 작품도 구해서 적당한 곳에 설치하십시오. 절 달력도 장식 삼아 걸어두시기 바랍니다. 이렇게 하면 가족 구성원들이 부처님 기운, 신장님 기운, 삼보님의 기운을 받아 마음이 불안하지 않고, 모든 일에 자신감을 가지고 살아갈 것입니다.

불교식 인테리어를 함에 있어서 다소 주의해야 하는 수도 없잖아 있습니다. 일반 가게의 경우입니다. 불특정 다수가 내왕하는 점을 고려하여 너무 불교 티를 내면 안 됩니다. 들어오는 손님 중에서 다른 종교인이 있어서 인상을 쏠 정도가 되면, 그것은 안 될 일입니다. 본인의 사업에도 부정적으로 작용하겠지만, 그보다도 자기 집을 찾아온 손님의 기분을 상하게 하는 것은 보살이 행할 처신이 못됩니다. 만일 비보(裨補)적 차원이라면 드러나지 않게 해야 합니다.

한편, 불교적 이념으로 건립된 시설임이 만천하에 알려진 경우는 철저한 불교 인테리어가 필요합니다. 저희들이 운영하고 있는 청도의 참좋은 이서중·고등학교에도 교실 내외에 부처님이 모셔져 있습니다. 불교 학교에 오는 학생들은 당연한 것으로 받아들입니다. 심기이론(心氣理論)은 이런 점에서도 아주 잘 들어맞다고 보여집니다.

건강하시고 내일 다시 뵙겠습니다.
관세음보살

無一우학
說法大典

56
이사 방위, 동티 예방법

2020. 04. 25. 세계명상센터 보은전

※ 불교신문 기획연재 '우학스님의 유튜브 불교대학'의 글을 그대로 수록하였습니다. 생생한 우학 스님의 설법은 유튜브에서 확인하시기 바랍니다.

 관세음보살. 유튜브불교대학 시청자 여러분, 반갑습니다.

한 신도님의 편지입니다.

"스님, 저희 집이 흔히 말하는 '대장군 방'으로 이사를 하게 되었습니다. 아주 불안하고, 찝찝합니다. 어떻게 하면 좋을는지, 스님의 지혜를 구하고자 하오니 꼭 답변 부탁드립니다."

예, 이런 경우가 자주 있습니다. 아파트 분양 신청을 해놓고 어떻게 하다 보니까, 방향이 세상 사람들이 말하는 '대장군 방', '삼살 방'에 걸렸다는 것입니다. 참, 아주 곤란한 일이 아닐 수 없습니다. 안 갈 수도 없고, 가자니 무엇인가 잘못될 것 같은 기분이 든답니다.

'그런 것은 절에 묻는 것이 아니다'고 물리치는 것도 무책임한 짓이고, '방향이 어디 있느냐? 마음 내키는 대로 가면 될 일이지'라고 말하는 것도 중생의 근기를 저버리는 악행입니다. 세속 사람들은 종교를 떠나서 수백 년 수천 년 내려온 이런 민간 신앙에 대해 초연할 수 없는 것이 사실입니다. 그것이 불교의 법 안에 없다면, 세속의 법으로라도 해결해 줘야 하는 것이 불교의 법입니다.

　신도가 물어왔음에도 불구하고 사찰의 스님들이 아무 대책 없이 아무 말이나 해서 이사 후에 큰 문제가 발생한다면, 그때는 때가 이미 늦은 것이요 그 상담 스님의 무능일 수밖에 없습니다. 따라서 스님들도 세속의 민간신앙에 관한 체계를 이해할 필요가 있습니다. 그러한 사실이 맞든 안 맞든 그것은 차후의 일임을 분명히 인식해야 할 필요가 있습니다.

　이사를 잘못 가서 문제가 생기면 세속에서는 '동티가 났다'고 말합니다. '동티'는 '동토(東土)'라는 한자어에서 왔는데, 우리말화된 것입니다. 즉 동티가 났다고 함은 이사를 잘못해서 갑자기 가족 중에 누군가가 아프거나, 갑작스러운 사고를 당하거나, 재물에 막대한 손해를 보거나 한 경우를 말합니다.

　이사 후에 이런 우환이 들면 이사를 잘못해서 그런 것인가 하고 생각하는 것은 인지상정입니다. 그래서 이사 문제는 섣불리, 함부로 말해서는 안 됩니다. 이사에는 크게 방위와 택일로 나누어집니다. 물론 불교에서는 이사 방위와 이사 택일을 논하지 않습니다. 불교 본래의 것은 아니나, 불교 신도들이 이것에 대해서 많이 따지는 것은 현실입니다.

먼저, 오늘은 이사 방위에 대해 말씀드리겠습니다.

'올해는 삼살 방이 어느 쪽이냐?', '올해는 대장군 방이 어느 쪽이냐?' 하는 것을 하도 물으니 절에서 만들어 내는 거의 모든 달력에서는 이것을 가장 뒷면에다 크게 표시해두었습니다. 신도들이 항상 공부하는 도량인 한국불교대학 大관음사의 달력에서조차 이 점을 무시할 수 없어서 적어놓았습니다. 심지어는 동지(冬至) 시(時)조차도 기록해둘 수밖에 없습니다. 거의 모든 한국 사람들, 특히 노년층의 어르신들이 하도 그런 것을 물어오니, 지식 제공의 차원에서 서비스를 하는 것입니다. 물론 식자우환일 수도 있습니다. 괜히 알아서 이것저것에 걸림이 될 수도 있습니다. 하지만 그런 것을 무시한 뒤 무슨 일을 당했을 때 '아이고, 내가 그걸 몰랐구나. 그 때문에 내가 그런 일을 당했나' 하는 자가당착적 후회보다는 미리 알고 있는 것이 안정적 삶에 도움이 됨을 누차 강조해서 말씀드립니다.

 이제 본론에 들어가겠습니다. 올해가 경자년인데, 경자년의 대장군 방은 서쪽입니다. 그리고 경자년의 삼살 방은 남쪽입니다. 이쪽으로 이사를 가면 안 된다는 말입니다. 이것도 따지는 원리가 있습니다만, 지면 관계상 생략하겠습니다.

 오늘의 주제로 돌아가서, 우리가 억지로 집을 하나 새로 장만을 했는데 안 갈 수는 없습니다. 이 광명천지의 세월에 살면서 '방향이 그래서 못 간다'라고 하면, 그것은 참으로 기가 찬 일이지 않습니까? 가긴 가야 합니다. 그렇다면 방법을 찾아야 하지 않겠습니까? 간단한 방법이 있습니다. 뭐냐 하면은, 이삿짐을 끌고 그쪽 방향으로 곧장 가지 말고, 저 바깥으로 돌아서 가는 것입니다. 그러니까 남쪽으로 가야 한다면 오히려 북쪽이나 동쪽으로 빙 돌아서 간다는 것입니다. 한참 돌고 돌아서 새집에 들어가되, 제일 좋기로는 백 리 밖을 돌아서 들어가는 것입니다.

 또한 중요한 힌트는 이사 방위를 따질 때 현재 사는

시나 도를 벗어나면, 아무 관계가 없다는 이론이 있습니다. 따라서 방위가 맞지 않는다면, 시나 도를 벗어났다가 새집으로 들어가면 됩니다. 이렇게 하면 본인의 현재 집에서 봤을 때는 '남쪽'이 되지만 차를 완전히 돌려서 백 리 바깥, 또는 다른 시나 도를 경유해서 들어가면 삼살방이니, 대장군 방이니 하는 기분 나쁜 기운은 다 무시되고, 그런 기운을 다 떨치고 들어갈 수 있다는 것입니다.

그다음 또 문제가 있을 수 있습니다. 이삿짐이 너무 많은 경우입니다. 그 많은 짐을 어떻게 다 돌리느냐 하는 것입니다. 그럴 때는 가장 중요한 물건만을 돌리면 됩니다. 우리가 살아가면서 제일 중요한 것이 무엇입니까? 밥솥과 쌀입니다. 쌀은 우리 가족의 기운의 원천입니다. 기운이라는 '기(氣)' 자에도 '쌀 미(米)' 자가 들어가 있지 않습니까! 따라서 예로부터 쌀을 늘 앞장세웁니다. 쌀 담긴 쌀독을 챙기되, 재질이 플라스틱이면 버리고 항아리나 도자기로 바꾸시고, 만일 그런 쌀독이 있다면 그대로 옮기면 됩니다.

아무튼 숨 쉬는 좋은 쌀독에 쌀을 가득 넣고, 항상 밥

해 먹는 밥솥을 챙기십시오. 밥솥은 옛날처럼 큰 솥이 아니라도 관계없습니다. 소형 압력밥솥이라도 늘 해먹던 밥솥이면 됩니다. 승용차에 쌀독과 밥솥을 실어서 한 바퀴 멀리, 즉 백 리 밖이나 다른 시, 도를 돌아서 이사할 새집으로 들어가면 됩니다. 새집에 들어가서는 싣고 온 쌀독과 밥솥을 부엌의 동쪽에 갖다 놓으면 됩니다.

옛날부터 해오던 방식을 소개해 드리고 있습니다만, 물론 이것 또한 불교에서 나온 방책이 아니고 민간 신앙의 관습입니다. 민간 신앙이니만큼 적당히 잘 수용하시면 손해 볼 것은 없습니다.

만일 독실한 불자라서 늘 기도하고 모시는 부처님 상이나 부처님 사진이 있다면 밥솥과 쌀독을 들고 들어갈 때, 같이 모시고 가면 아주 좋습니다.

그다음 두 번째 방편을 소개하겠습니다. 이사 가는 날, 한 2, 3일 전에 이사 갈 집에 팥을 한 되쯤 가지고 가서, 방방이 다니면서 '화엄성중, 화엄성중, 화엄성중…' 정근을 하면서 그 팥을 뿌리십시오. 거실은 물론 화장실까지 공간마다 빠짐없이 다 뿌리십시오. 만일 단독 주택이라면 집 바깥에도 뿌리면 좋습니다. 옛날부터 그렇게 해왔습니다. 절에서도 정화(淨化) 의식 때 팥을 많이 사용해왔습니다. 아무튼 2~3일 전에 먼저 가서 그렇게 팥을 뿌려두시고, 이사하기 몇 시간 전이든지, 아니면 하루 전에 팥을 깨끗이 쓸어내면 됩니다. 그리 어렵지 않지요?

세 번째의 방편입니다. 이사가 끝난 뒤, 다음날부터 아침마다 금강경 한 편씩을 거실에서 꼭 외우십시오. 혼자 읽으시기가 힘들면 유튜브에 올려진 '우학스님 금강경 독송'을 틀어놓고 같이 따라 하시면 됩니다. 금강경을 21일간 꼭 독송하시면 이사로 인한 동티는 없을 것입니다. 그래도 기분이 좀 찝찝하다 싶으면, 공부를 잘하는 스님께 경면주사로 '옴' 자를 좀 써달라고 해서 붙이십시오. 위치는 현관문 열고 들어와서 바로 위, 또는 거실에 조금 더 접근한 쪽으로, 눈에 안 띄어도 관계없습니다. 범어로 '𑖌(옴)' 자를 쓰는 대신에 마하(摩訶)를 한자로 쓴 것도 괜찮습니다.

이렇게 한다면 3중, 4중으로 삼살 방의 살 또는 대장군 방의 살을 막을 수 있습니다. 혹시 살던 집에 가정법당이 꾸며져 있었다면, 그 가정법당의 부처님 및 법구는 먼저 모시기 바랍니다. 본 이삿짐이 움직일 때라도 부처님과 관계되는 물품들은 가장 먼저 집안으로 들여놓는 것이 좋습니다. 그렇게 하면 집안에 설령 삿된 기운이 있다 할지라도 부처님의 위신력과 법력으로 다 없어지게 됩니다.

우리 불자들은 민간 신앙을 수용하면서, 불교적인 믿음에 바탕을 둔 방법도 쓸 줄 알아야 합니다. 물론 삼보에 대한 신심(信心)이 아주 충만한 불자라면 아무 방향으로나 이사해도 문제 될 것이 없습니다. 지금까지 신도님들의 근기를 맞추느라 많은 이야기를 했습니다만, 저 개인적으로는 전세 포교당부터 여러 번 절을 옮기면서도 방향에 신경을 써 본 적이 없습니다. 그런데 한 번도 동티가 난 적이 없습니다. 스님들은 저의 경우를 참고하시길 바랍니다.

 내일 다시 뵙겠습니다.
관세음보살

無一우학
說法大典

57
이사 택일 상식

2020. 04. 26. 세계명상센터 보은전

※ 불교신문 기획연재 '우학스님의 유튜브 불교대학'의 글을 그대로 수록하였습니다. 생생한 우학 스님의 설법은 유튜브에서 확인하시기 바랍니다.

 관세음보살. 유튜브불교대학 시청자 여러분, 오늘도 반갑습니다. 지난 시간에 이어서 이사에 대한 얘기를 좀 더 하겠습니다.

이사의 이는 '옮길 이(移)' 자로, 이 글자를 뜯어서 살펴보면, '벼 화(禾)'에 '많을 다(多)' 자입니다. 즉 '벼가 많다', '벼가 많은 곳으로 간다'는 말입니다. 우리가 이사를 한다는 것은 '더 잘되려고 하는 것'입니다. 그렇다 보니 우리가 이사를 할 때는 모든 것에 신중해질 수밖에 없습니다. 특히 방향이나 날짜를 정하는 문제에 있어서는 더욱 그러합니다. 따라서 방향이나 날짜 때문에 '동티가 나면 어떡하나?' 하고 걱정하는 것은 당연한 인간 심리라고 봐야 합니다.

아무튼 이사를 해서 적어도 나쁜 일이 생기지 않도록 조심하고 방편을 쓰는 것은 삶의 작은 지혜라고 볼 수 있습니다. 이사 방위에 대해서는 전 시간에 자세히 말씀을 드렸으니, 오늘은 이사 날짜에 대해서 좀 구체적으로 살펴보겠습니다.

거두절미하고 본론에 들어가겠습니다. 우리가 '손

없는 날'이라는 말을 많이 씁니다. 손 없는 날이란 손해(損害)가 없는 날, 즉 건강에도 그렇고 재물에도 그렇고 인간관계에 있어서도 손해가 없는 날을 말합니다. 그러므로 '손 없는 날에 이사를 하면 무탈하다'라고 사람들은 믿고 있습니다. 그 손 없는 날이라 하는 것은 음력으로 9일, 10일, 19일, 20일, 29일, 30일입니다. 이 날에 이사를 하면 '아무 걱정 할 것이 없다', 즉 '손해가 없다'고 말합니다. 물론 이러한 이야기들은 불교 교리에서 나오는 것은 아니고, 민간 신앙과 역학(易學)이 습합(褶合)의 과정을 거치면서 만들어지게 되었습니다. 그러한 원리가 있으나 굳이 자세하게 알 필요 없이 단순히 적용하면 됩니다.

아무튼 우리가 손 없는 날에 이사를 하면 되는데, 웬만한 사람들은 다 알다 보니 이 날에 많이 몰립니다. 그렇다 보니 이삿짐센터의 분주함으로 이사 비용이 껑충 뛴다는 것입니다. 그리하여 차선책이라고도 할 수 있는 다른 방법이 있으니, 그렇게 걱정할 일은 아닙니다. 그 방법이 무엇인고 하면, '동쪽으로 갈 때는 어느 날만 피하면 되고, 또 서쪽으로 남쪽으로 북쪽으로 갈 때는 어느 날만 피하면 무탈하다'라고 하는 이론이 있습니다. 이 이론을 참고하여 이사를 하면, 이사를 하고자 하는 사람들이 손 없는 날에 많이 몰려서 이사 비용이 올라가는 것에 대한 손실을 덜 수가 있습니다.

간단히 말씀드리면, 동쪽으로 이사를 갈 때는 1일, 2일, 11일, 12일, 21일, 22일만 피하면 된다는 것입니다. 남쪽으로 이사를 간다면 3일, 4일, 13일, 14일, 23일, 24일만 피하면 된다는 것입니다. 만약 서쪽으로 이사를 간다면 5일, 6일, 15일, 16일, 25일, 26일만 피하면 된다는 것입니다. 마지막으로 북쪽으로 이사를 간다면 7일, 8일, 17일, 18일, 27일, 28일만 피하면 된다는 것입니다.

정리를 하면, 이사를 하실 때는 손 없는 날을 택하든지, 아니면 방향에 따라 각각의 날짜만 피해서 택하면 됩니다. 이렇게만 하면 '이사 날짜 때문에 문제가 생겼다'라는 소리는 듣지 않을 것입니다.

위에서 말씀드렸듯이 위의 내용들은 민간의 관습이자 신앙이지 불교 고유의 것은 아닙니다. 사실 절에서는 이사할 때 이것저것 잘 따지지 않습니다. 저희 한국불교대학 大관음사 같은 경우에도 작은 포교당에서 대지가 있는 건물로 이사할 때, 위에서 말한 이사 택일을 하지 않았습니다. 그리고 각 도량을 열고 이사할 때도 날을 받은 경우는 없었습니다. 아는 스님들을 둘러보아도 "날 받아서 이사를 했다."라는 소리를 들어보지 못했습니다. 절도 가끔 이사를 합니다. 도로 편입 등 국가사업 때문에 그럴 수가 있습니다. 이때 대부분 스님들은 그 절의 전체 일정과 형편을 고려하여 이사를 하지, 세속 사람들처럼 택일하는 경우는 거의 없습니다.

그렇다면 불교적 입장에서는 왜 '굳이 날을 받지 않아도 된다' 고 하겠습니까? 그것은 부처님 가시는 날은 다 부처님 날이요, 좋은 날이기 때문입니다. 온 세상이 다 부처님의 무대요, 부처님이 가피 내리시는 곳인데 어느 날 움직이든 그것이 무슨 문제가 되겠습니까!

옛날에 운문이라는 선사(禪師)께서는 법문을 하시다가 "대중들이여, 내가 보름 전의 일은 묻지 않겠다. 보름 후의 일은 어떻게 했으면 좋겠는가? 누가 한번 일러 보라"고 하셨습니다. 아무도 대답하지 못하자, 스님께서는 스스로 답하시기를 "일일시호일(日日是好日)이라"고 하셨습니다. '날마다 좋은 날이니라' 라는 뜻인데, 이미 우리 불자들이 많이 알고 있는 말씀입니다.

부처님께서 움직이는 날은 언제나 좋은 이삿날입니다. 그 이사의 주체(主體) 스님들이 신심이 견고하면 신장까지도 도울 것이므로 탈이 날 수가 없습니다. 혹시 재가불자 중에서도 늘 기도하는 신심 깊은 불자가 있다면, 마음 내키는 대로 스님들처럼 걸림 없이 이사하셔도 됩니다. 단, 이사를 해놓고 후일에 문제가 생겼을 때라도 전혀 방향이나 날짜에 집착하지 않을 자신이 있다면 그렇게 하라는 것입니다. 한 가지 분명한 방편은 집에서 지극정성 모시던 부처님 사진이나 불상이 있다면, 날짜나 방향에 그렇게 개의치 않아도 됩니다. 가정 법당의 경우로써 절이 움직이는 것과 같다고 볼 수 있습니다.

이렇게 해서 신심 있는 우리 불자들이 이사할 때 어떻게 하면 좋은지 까지를 말씀드렸습니다. 지금부터는 이사할 때 참고해야 할 전반적인 얘기를 좀 하겠습니다.

만일 살던 집이 아주 편안하였다거나 좋은 일이 많이 일어난 경우라면 이삿짐이 나갈 때 그 문을 확 열어놓는 것이 좋습니다. 창문까지도 다 열어젖혀서 그 기운을 함께 데리고 간다는 생각을 하십시오. 물론 살던 집이 반대의 경우라면, 마지막에 문을 꼭꼭 닫아두는 것이 좋습니다. 이것은 옛날 어른들이 해오던 관습 같은 것이지만, 제가 늘 말하는 심기론(心氣論)의 측면에서도 꼭 맞는 말입니다. 곰곰이 생각해 보면 재미있는 이론입니다.

새집으로 들어간 이후에 대해서 더 말씀을 드리겠습니다. 일단 이사하고 짐이 정리되는 대로 안택(安宅) 의식을 할 것을 권합니다. 잘 아는 스님을 모셔다가 집의 거실에서 불공을 올리십시오. 절에 같이 다니는 도반들이 있다면 당연히 같이 참석하도록 하십시오. 이 안택 불공 하나로 모든 염려가 다 묻힙니다.

가정집이 아니고 큰 사업체 현장이나 또는 중요 사무실에서도 안택 불공을 더러 하는 수가 있는데, 신심 있는 불자라면 너무도 당연한 일입니다. 그렇게 해서 더욱 번창하는 경우를 많이 보아왔습니다. 모시는 스님은 두 분

이상 복수가 좋은데, 열심히 공부하는 스님들이라야 합니다.

안택할 때 이것저것 많이 상차림하실 필요는 없습니다. 팥 시루떡 정도면 되고, 스님들이 쇄수(灑水) 의식을 하도록 맑은 청수(淸水) 한 대접 준비하시면 됩니다. 스님과 도반들이 함께 정성껏 염불기도 올리고 그 자리에서 불공한 음식을 나눠먹는다면, 그 자체가 훌륭한 동티 예방법이 아닐 수 없습니다. 여건이 된다면 그 불공 음식을 이웃에 돌리는 것도 좋은 일이 됩니다.

전 시간 '이사 방향'에서 말씀드렸듯이 21일 정도는 매일 집에서 1시간 정도씩 기도를 올리시되, 평상시 하던 기도 끝에 화엄경약찬게와 금강경을 꼭 한 편씩 독송하시길 바랍니다. 그리고 아는 스님께 부탁드려서 경면주사로 마하(摩訶)를 써서 현관문 위에 붙인다면 동티 걱정은 십만 팔천 리 멀어집니다. 이상한 문양의 부적은 삼가고, 스님이 써주시는 '摩訶(마하)' 같은 경전 구절을 붙이시기 바랍니다.

불자의 최종 방편은 불교적이라야 합니다.

 내일 다시 뵙겠습니다.
관세음보살

58
기도 속(速) 성취법

2020. 04. 27. 세계명상센터 보은전

 관세음보살. 유튜브불교대학 시청자 여러분, 오늘도 반갑습니다. 오늘은 이미 예고해 드린 대로 '기도의 빠른 성취법'에 대해서 말씀을 드리겠습니다.

'기도를 속 성취하려면 어떻게 해야 할까요?' 하는 질문이 많이 들어왔습니다. 오늘 내용은 느긋하게 평소대로 기도하는 분들이 아니고, 빨리 성취해야 할 일이 있는, 빠른 시일 내에 기도가 성취되기를 원하는 사람들에 대한 말씀을 드리고자 하는 것입니다.

정진(精進)에는 크게 세 가지가 있습니다. 우선 우리가 그냥 평소대로 하는 정진이 있습니다. 거기에 조금 더 탄력을 붙여서 하는 '가행정진(加行精進)'이 있습니다. 또 가행정진보다도 더 세게, 더 빡세게 잠도 거의 자지 않고 하는 '용맹정진(勇猛精進)'이 있습니다.

이처럼 다양한 정진이 있으니, 오늘 제가 기도 정진에 대해 쭉 말씀을 드릴 때 자신의 신체나 자신의 마음 여유에 따라서 맞추어서 하시면 됩니다. 그래서 기도하는 것이 또 다른 스트레스가 되지 않도록 하시기 바랍니다.

　기도는 즐겁게 기꺼이 해야 합니다. '지금 당장에 급한 일이 많으므로 기도를 집중해서 아주 많이 하지 않을 수가 없다. 무조건 많이 해야만 한다' 하더라도 마음을 아주 흔쾌히, 기꺼이 내야만 합니다.

　이제 본론으로 들어가겠습니다.

　기도를 할 때 제일 중요한 것, 특히 기도를 속 성취하고자 할 때는 세 때 예불을 반드시 챙겨야 한다는 것입니다. 세 때 예불이라 하면 새벽 예불, 사시불공, 저녁 예불을 말합니다. 이 세 때의 예불을 분명하게 지켜서 하신다면 이는 이미 절에서 사는 것과 같습니다. 그러면 업을 완전히 좋은 업으로 바꿀 수 있습니다.

　예불에는 곡조가 있어서 혼자 하기에 조금 머트러울 때가 있습니다. 힘들 때가 있어요. 그런 경우에는 유튜브불교대학에 올려진 영상의 도움을 받으시면 됩니다. 유튜브불교대학의 '재생목록' 중 '독송 편'을 보시면 '조석 예불', '사시불공' 등 여러 예불 영상들이 불자님들의 수행에 도움이 되실 수 있도록 올려져 있습니다.

여기서 조석 예불이라 하였으므로, 아침저녁으로는 조석 예불을 틀어놓고 따라 하시면 됩니다. 그 영상 밑에 자막도 있으니, 자막을 잘 보시고 그대로 따라 하시면 됩니다.

'계향 정향 혜향…' 하는 그 부분은 스님들이 하는 부분입니다. 그 뒤에 가면 칠정례(七頂禮)라 해서 '지심귀명례 삼계도사 사생자부…' 하는 대목부터 따라 하시면 됩니다. 칠정례 이것은 꼭 따라 하셔야 합니다. 따라 하실 때의 그 운율은 유튜브에 올려진 그대로 같이 하시면 됩니다. 특히 조석 예불은 법당에서 모든 신도님들이 다 함께 하는 것을 녹화한 것이라서 매우 장엄스럽습니다. 들어보시면 완전히 법당에 들어와서 기도하는 것과 같은 느낌이 드실 겁니다.

'조석 예불'에는 칠정례와 이산혜연선사 발원문 그리고 반야심경을 할 수 있도록 되어 있습니다. 아침이든 저녁이든 공통으로 그것을 보고 하시면 됩니다. 그리고 '사시불공'은 한국불교대학에서 하는 사시불공 그대로입니다. 사시불공 시간에는 이 영상을 틀어놓고 따라 하시면 됩니다.

  제가 제시해드린 방법이 전통적인 예법입니다. 요즘은 각 절마다 예불이 좀 다르고, 한글화한다고 해서 한글 예불이 나와서 다소 좀 어수선합니다. 그래서 그러한 점들을 다 정리하여 아예 전통 예불, 전통 사시불공 쪽으로 새로 올려놓은 것입니다. 그러므로 유튜브불교대학의 영상을 따라서 예불 드리고 불공드리시길 바랍니다.

  그리고 또 하나 말씀드리고 싶은 것은 예불을 드리되, 예불의 뜻을 알고 해야 합니다. 예불을 드릴 때 예불의 뜻을 알고 하면 신심이 백 배 더 납니다. '지심귀명례'가 무슨 뜻인지, '삼계 도사'는 무슨 뜻인지, '명훈가피력'이라 하는데 명훈가피는 또 무슨 뜻인지, 그리고 '십대 제자'는 도대체 누구인지 알고 할 때 신심이 더 나게 된다는 말입니다.

  예불문, 반야심경, 천수경에 대해서 자세히 알고 싶다면 유튜브불교대학 멤버십에 가입을 하시면 강의를 들으실 수 있습니다.

  무엇보다 우리는 알고 믿는, 알고 기도하는 불자가

되어야만 합니다. 옛날처럼 뜻은 모르지만 그냥 막 하면 된다는 그런 시대는 이제 지났습니다.

사실 재가불자들이 세 때 예불하는 것은 참으로 버거운 일입니다. 일상 생활하시면서 세 때 예불하기가 만만치 않아요. 하지만 이슬람 사람들은 하루에 여섯 번 예배를 합니다. 거기에 비하면 세 번은 적은 것입니다.

조석 예불은 약 18분 정도밖에 안 걸립니다. 그리고 사시불공은 40분 정도 됩니다. '유튜브불교대학 사시불공', '유튜브불교대학 조석 예불'을 따라서 한다 해도 시간이 그리 많이 걸리지는 않는다는 말입니다.

아무튼 예불이 가장 기본입니다. 기본 예불만 잘해도 한 50점은 땄다고 보면 돼요.

아침 예불, 저녁 예불, 사시불공, 즉 사시 때는 공양도 올리기 때문에 사시불공이라 하는데, 집에서는 굳이 공양을 안 올려도 됩니다. 만약 "스님, 저는 아침저녁에 공양을 올리고 싶습니다."라는 분들은 그냥 찬물, 아주 깨끗한 물, 이를테면 생수를 절에서 청정수 올리듯이 깨끗한 그릇에 한 그릇 올리면 됩니다. 올렸던 물은 내려서 밥 짓는 데 같이 써도 됩니다. 반찬 할 때나 다른 음식 할 때, 또 국 끓일 때 써도 되고, 차를 끓일 때 써도 됩니다. 올렸던 물을 그냥 버릴 필요는 없습니다. 그냥 생수로 마셔도 됩니다. 이미 그리하는 분들도 많습니다.

　이와 같이 기본 세 때 예불하고 불공하는 것이 가장 첫 번째 기본 방법입니다.

　두 번째로 기도를 속 성취하기 위해서는 신묘장구대다라니를 많이 외우면 좋습니다. 많은 기도 소재들이 있습니다. 하지만 신묘장구대다라니를 많이 외우는 것은 저의 경험이기도 하고, 많은 사람들의 경험이며, 옛날부터 기도를 속 성취하는 가장 좋은 방법으로 다라니를 외우는 것이 제일이라고 하는 것이 거의 정설입니다. 그러므로 저 또한 신묘장구대다라니를 권해 드립니다.

　신묘장구대다라니 독송 기도를 할 때 가장 중요한 것은 몰입삼매에 들어서 하는 것입니다. 완전히 몰입해서 해야 합니다. 그런데 처음 외우는 사람들에게 다라니는 뭘 어떻게 해야 하는지 발음도 어렵고, 염불하는 음도 까다롭습니다. 그래서 그런 분들을 위하여 신묘장구대다라니 독송 역시 '유튜브불교대학 독송편'에 있으니, 그 영상을 틀어놓고 따라 하시면 됩니다.

  유튜브불교대학에 들어가면 신묘장구대다라니 독송에 관련하여 여러 영상이 올려져 있습니다. 그 중에 '빠른 신묘장구대다라니'라고 되어 있는 것이 있습니다. 기도의 속 성취를 원하여 기도하시는 분들은 빠른 신묘장구대다라니을 보셔야 합니다. 이 영상은 58분쯤 걸리는데, 그 58분 동안 이루어지는 신묘장구대다라니 횟수는 총 45번입니다. 그러므로 아침에 일어나서 예불 드리고 빠른 신묘장구대다라니를 한 번 같이 따라 했다면 다라니를 45번 한 것입니다. 그리고 낮에 사시불공 드리고 빠른 신묘장구대다라니를 또 한 번 전체 따라 했다면 다시 45번 한 것입니다. 그리고 저녁에 예불 드리고 빠른 신묘장구대다라니를 또 한 번 했다면 다시 45번입니다. 그러면 하루 동안 다라니를 총 135번 한 것입니다.

  그러므로 '나는 이 정도만 해도 다 성취되지 않겠나?' 하는 생각이 드는 사람은 그쯤 해도 많이 하는 것입니다. 그렇게만 해도 시간이 많이 들었어요. 하루 세 때 예불에, 예불 뒤에 한 시간 정도 걸리는 신묘장구대다라니를 또 세 차례에 걸쳐 외운 것이므로 기도를 안하는 사람에 비해서는 엄청 많이 하는 것입니다. 하지만 '이것이 성취 안 되면 큰일 난다' 이렇게 다급한 분들은 그 정도 기도만으로는 안 됩니다.

"스님, 그러면 얼마나 해야 합니까?"

신묘장구대다라니 45번 독송하는 것을 연달아 두 번 하든지 세 번 하든지, 아니면 한 번 앉았을 때 108번을 내리 하는 것을 하루에 세 번 하든지 해야 합니다. 여하튼 신묘장구대다라니는 많이 하면 많이 할수록 그 숫자에 비례해서 좋습니다.

그리고 삼매에 드는 것이 굉장히 중요합니다. 깊은 삼매에 들었느냐, 말았느냐에 따라 기도 성취가 있거나 덜하거나 아예 없는 것입니다. 즉 다라니의 힘에 문제가 있는 것이 아니라 본인의 기도 삼매, 본인의 신심 여하에 달려 있는 것입니다.

저 하늘에는 태양이 언제나 비치고 있습니다. 그처럼 다라니의 힘은 언제나 작동합니다. 내가 눈을 뜰 때 실눈

*저 하늘에는 태양이 언제나 비치고 있습니다
그처럼 다라니의 힘은 언제나 작동합니다*

을 떴느냐, 반만 눈을 떴느냐, 완전히 눈을 떴느냐에 따라서 저 밝은 태양빛의 양이 달라지는 것처럼, 내 마음의 신심이 어느 정도냐에 따라서 다라니의 영험을 적게 보고, 많이 보고, 또 전혀 못 보게 되는 것입니다. 그러므로 어쨌든 일을 해야 할 때는 일을 하더라도 기도할 때는 오로지 기도에 전념하셔야 합니다.

기도를 속 성취하고자 할 때는 예불을 드리고는 바로 다라니 외우는 것으로 들어가야 합니다. 이것저것 섞어서 하실 필요 없이 그냥 다라니 하시면 됩니다. 하루에 본인의 능력 따라서 하시면 되지만 제가 최소한의 기준을 말씀드리자면, 세 때 예불과 불공, 총 45번 독송하게끔 되어있는 빠른 신묘장구대다라니를 반드시 한 번 이상은 해야 합니다. 한자리에 딱 앉아서 시작하게 되면 아주 집중해서 일절 잡념 일으키지 말고 해야 함을 재차 강하게 말씀을 드리는 바입니다.

만약 행주좌와(行住坐臥) 어묵동정(語默動靜), 즉 일체시(一切時) 일체처(一切處)에서 다라니 삼매에 든다면 분명히 기도 가피를 입게 될 것입니다. 신묘장구대다라니라는 이름 그대로 신기하고 묘한 그런 영험스러운 다라니의 힘을 반드시 받게 됩니다.

한 가지 더 말씀드리자면 길에 다니면서 "신묘장구대다라니 나모라 다나다라…" 이렇게 하고 다니면 그 행동이 남 보기에 조금 머트러울 수도 있습니다. 그런 경우에는 다라니와 맥을 같이 하는 관음정근을 하시면 됩니다. 신묘장구대다라니는 관세음보살님께서 우리 중생들을 이익 되게 하기 위해서 내어놓으신 말씀이기 때문에 아주 중요한 것입니다. 그러므로 만약에 다라니를 외우는 분위기가 안 될 때는 관세음보살을 외우셔도 된다는 것입니다. 관세음보살을 외우는 것은 그냥 아주 쉽게 편하게 할 수 있잖아요.

정리하자면 다라니 기도는 그 기도 시간에 자리에 딱 앉아서 하면 참 좋겠지만 그러지 못할 경우에는 '관세음보살, 관세음보살, 관세음보살…' 이렇게 관세음보살님의 명호를 외우는 관음정근을 하시면 됩니다. 길을 걸을 때, 산책할 때, 등산할 때, 밥 지을 때 등 활동하실 때는 그리하시면 되고요. 만약에 신묘장구대다라니가 입에 붙어서 잘 된다면 더 말할 것도 없이 그냥 다라니 하시면 됩니다. 이처럼 다라니를 하고 관음정근 기도함으로써 기도 성취의 끝을 보아야 합니다. 절대 다른 요행수를 바라시면 안 됩니다.

다만 한 가지 더 방편을 말씀드리자면 공부 열심히 하는 스님이 있다면 그 스님께 "스님, 제 마음이 좀 불안합니다. 글을 하나 써 주십시오."라고 해서 글을 하나 받으십시오. 그 글귀는 '바라밀(波羅蜜)'이라고 쓰면 됩니다. 마하반야바라밀(摩訶般若波羅蜜) 그러잖아요. 서예 붓글씨 또는 경면주사로 쓴 바라밀을 몸이나 수첩에 넣어서 지니고 다니면 됩니다. 그것 역시 제가 늘 말씀드리는 심기론(心氣論), 마음 에너지의 법칙에 봤을 때 아주 좋은 방법이라 생각합니다. 그쯤 하면 웬만하면 소원이 다 성취되리라고 봅니다.

하지만 여기에 더욱더 야무지게, 더 단단히 한다는 의미에서 100일 기도를 꼭 올리시기 바랍니다. 절에 백일기도 올려놓고, 제가 지금 쭉 제시한 대로만 한다면 웬만한 일은 다 성취되지 않을까 생각합니다.

정리하여 다시금 말씀드리겠습니다.
기도의 속 성취법입니다.

첫 번째는 예불 세 때 예불을 반드시 챙기십시오. 조석 예불과 사시불공을 꼭 하십시오.

두 번째는 다라니 기도를 하십시오. 본인의 시간 능력에 따라서 세 시간이든 여섯 시간이든 아홉 시간이든 꼭 하시기 바랍니다.

세 번째는 아는 스님께 "바라밀(波羅蜜) 글자를 좀 써주십시오." 해서 그것을 지니고 다니십시오. 글자를 볼펜으로 써도 관계가 없습니다. 그 글을 쓰는 사람의 정성과 능력에 따라 효과가 다 나타날 겁니다. 그것을 수첩이나 지갑에 넣어서 가지고 있어도 됩니다. 어디에 넣든 지니고 있는 것이 중요합니다.

마지막으로 네 번째는 절에 백일기도를 꼭 올리십시오. 그리하여 절에 스님들도 같이 힘을 모아서 기도를 해줄 수 있도록 한다면 기도는 거의 완벽해지지 않을까 생각합니다.

　사람들은 보통 큰일이 있으면 앉아서 걱정만 하지 기도할 생각을 잘 하지 않습니다. 불자들은 좀 덜한 편이지만, 비(非) 불자들 한번 보세요. 공연히 걱정만 하고 여기저기 다니면서 또 다른 짓을 하잖습니까. 절대 그렇게 하지 마시고, 우리는 정법 제자니까 정법대로 부처님 법대로 이렇게 하시면 됩니다.

　그러면 나의 신심, 나의 삼매 능력에 따라서 반드시 일이 이루어지는데, 이후에 또 중요한 점 하나가 있습니다. 후일 일이 다 잘 되고 나면, 늘 감사하다는 마음을 반드시 내셔야 합니다. 부처님께 매달려서 일을 잘 성취했다면 거기에 대한 감사한 마음도 내셔야 한다는 것입니다. 후일 그 점에 대해서 좀 더 말씀을 드리도록 하겠습니다.

　늘 기도하는 불자, 그리고 어떤 일이 있을 때는 가행정진을, 그리고 가행정진을 넘어서서 용맹정진, 즉 잠을 자지 않고 기도에 뛰어들어 볼 수 있는 불자, 다들 그런 신심 충만한 불자들이 되시면 좋겠습니다.

 내일 다시 뵙겠습니다.
관세음보살

無一우학
說法大典

59
주당살 풀기

2020. 04. 28. 세계명상센터 보은전

> ※ 불교신문 기획연재 '우학스님의 유튜브 불교대학'의 글을 그대로 수록하였습니다. 생생한 우학 스님의 설법은 유튜브에서 확인하시기 바랍니다.

 관세음보살. 유튜브불교대학 시청자 여러분, 반갑습니다. 오늘은 '주당살 풀기'라는 제목하에 말씀을 드리겠습니다.

주당이라는 단어를 사전에서 찾아보면, '깨끗지 못한 잡귀, 잡신을 일컫는다'고 나와 있습니다. 주당살에 대해서 이야기해 달라고 하는 요청이 진즉에 있었지만 많이 망설였습니다. '불교 정통의 분상(分上)에서 꼭 이런 것까지 다루어야 하나?' 하는 내면적 갈등이 있었기 때문입니다. 그런데 최근에 또 한 신도님께서 다음과 같은 글을 보내주셨습니다.

"관세음보살. 스님, 유튜브불교대학 방송 빠트리지 않고 잘 보고 있습니다……. 감기가 두 달 가까이 안 떨어져 계속 약을 먹는데, 주변에서 '주당인지 모르니, 주당 한번 풀어보라'고 권유하는 말을 듣고 점집 무속인을 찾아가서 풀었어요. 주무르고, 따고, 나름 기술적으로……. 그런데 이상하게 몸이 개운한 것을 느꼈습니다. 몇 개월 전, 정월달에 상갓집을 다녀온 일이 있긴 합니다만, 잊고 지냈는데……. 정말 이런 것들이 있는지 좀 의

아스럽고, 의심이 가서 여쭈어봅니다. 그러한 귀신 작용이 정말 있는지요?"

또 한 얘기가 있습니다. 제가 당사자의 가족들에게 직접 들은 것이니까 실감이 날 것입니다.

"저의 어머니가 시름시름 아팠습니다. 증세가 점점 악화되더니, 밥도 못 먹고, 물도 못 마시고, 간간이 토하는 등 그 증상이 심해졌습니다. 그런데 병원에 가도 병명이 없었습니다. 나중에는 얼굴이 시커멓게 타들어 갔습니다. 제 남동생과 매제가 의사인데, 그것도 소화기 계통을 전문적으로 다루는 내과 의사들로서 잘한다고 소문이 났습니다만, 병의 원인을 못 찾아내니 정말 답답할 노릇이었습니다.

그래서 도저히 안 되어 한다리 건너 아는 무속인 집에 갔습니다. 거기서 이른바 푸닥거리라는 것을 하게 되었습니다. 짚으로 사람 모양의 인형을 만들어 놓고는 의식을 치른 뒤 깨끗하게 태웠습니다. 그런데 희한한 일이 그 뒤로 씻은 듯이 다 나았습니다. 무속인은 말하기로 '주당에 걸렸었는데 다 풀었다' 라고 하였습니다."

이 세상에는 우리들이 아직 밝혀내지 못하고, 인식하지 못하는 미스터리한 일이 많습니다. '그러한 일도 있겠구나' 하면서 생각을 열어 놓고 바라보는 개방적 경험이 필요하다는 생각을 해봅니다.

그렇다면 이 주당은 대개 어디서 걸리는지 알아보니 전통혼례의 잔칫집, 그리고 가정에서 치르는 상갓집이 주된 장소였습니다. 보통 '주당살 맞았다' 또는 '주당 걸렸다' 라고 표현을 합니다. 제가 들은 또 다른 실례로, 어떤 사람이 전통혼례의 잔칫집에 갔다 와서 화장실 앞에서 쓰러졌는데, 그로 인해서 한 일주일 정도 엄청 아프다가 죽었다는 것입니다. 그런데 그 가족들은 '분명 주당살 맞아서 그랬다' 라고 단정적으로 이야기를 하였습니다.

이러한 사실들이 현재적으로 일어나고 있는데, 무조건 '그것은 미신이다' 또는 '그것은 믿을 바가 못된다' 라고 치부해 버리기도 곤란한 점이 많습니다. 제가 어렸을 때, 제 속가 집에서 일어난 얘기를 좀 해드리겠습니다. 제 속가 집은 농사를 주로 짓는 전형적인 시골 마을

이었습니다. 당연히 의료시설이 없고, 약국조차 먼 곳에 있었습니다. 그래선지 누가 별 이유도 없이 시름시름 아프면 어른들은 '객구 물린다'면서 환자를 앉혀 놓고 의식을 하는 것을 볼 수 있었습니다. 이 '객구'라는 말은 '객귀', '객귀신'을 뜻합니다.

아무튼 '객구 물린다'하면 바가지에 음식물을 이것저것 썰어서 담습니다. 물을 반쯤 채워서 걸쭉하게 하고는 바가지 속의 음식물을 큰 식칼로 휘휘 저으면서 환자의 면전에 갖다 댑니다. 그러고는 협박을 합니다. "네 이놈, 귀신아! 이거 먹고 당장 물러가라"고 하면서 마구 야단을 칩니다.

어렴풋한 기억으로는, 의식의 첫 부분에서는 아픈 환자의 생일과 이름을 말하면서 객귀가 붙을 만한 과정을 소상하게 밝히면서 어르는 듯하였습니다. 의식이 극에 이르면, 칼을 얼굴 가까이 갖다 대고는 크게 호통까지 칩니다. '당장 물러가지 않으면 도륙을 내겠다'라는 강한 표현을 하다가 칼을 대문 쪽으로 '획' 집어던집니다. 그 칼끝이 대문 밖으로 향하면 아주 만족을 합니다.

그런데 참으로 희한한 것이 그렇게 해서 낫는 경우가 대부분이었습니다. 그것이 비록 요즘 말하는 플라시보 효과라고 하더라도 결코 무시할 수 없는 '객구 물림'입니다. 미지의 세계인 '영의 세계', '영식(靈識)의 세계'를 우리 조상들은 옛날부터 간파하고 있었는지도 모릅니다.

그렇다면 주당을 맞기 전에 그것을 예방하는 방법은 없을까요? 재래식으로 내려오는 민간 방책에 두 가지가 있으니 소개하겠습니다. 잔칫집이나 상갓집에 갈 때, 주머니에 소금을 넣어 가십시오. 그곳에서 행사, 볼 일을 다 보고 나오면서 다른 사람이 보지 않을 때 눈치껏 주머니에 든 소금을 꺼내어 자기가 걸어왔던 그 방향, 즉 상갓집, 잔칫집을 보고 뿌리십시오. 소금을 치라는 말입니다. 또 한 방법은 집에 돌아올 시간을 가족들이랑 약속을 미리 해놓고, 집 대문 앞에 도착하는 즉시 자기 몸에 소금을 쳐달라고 하십시오. 말은 일절 하지 말고 소금만 몸에 뿌리면 됩니다. 좀 유치한 듯하지만 옛날식 방법이 있어서 소개해 드렸습니다.

그렇다면 '누구나 다 주당에 걸리느냐?' 또 '불교적인 해법은 없느냐?' 하는 것입니다. 모든 사람이 다 주당에 걸리지는 않습니다.

첫째는 불심(佛心)이 아주 깊으면 관계없습니다.

둘째는 심지(心地)가 굳건한 사람이면 괜찮습니다. 남의 상갓집이나 전통혼례에 가서 주당 걸리는 사람은 필시 마음이 미약한 사람, 마음이 무슨 일로 어수선한 사람이라고 봐야 합니다. 따라서 평소에 음식 가림이 심하고 마음이 대범하지 못한 사람은 낯선 곳에 가서는 물도 마시지 말아야 합니다. 억지로 마지못해 갔다거나, 기분이 찝찝한 상태에서는 분명히 탈이 납니다.

사실, 어찌 보면 주당은 '마음에서 온다', '마음의 병'이라고 할 수도 있습니다. 불심(佛心)이 깊고, 심장이 튼튼한 사람들은 그곳에 있는 음식을 다 먹고, 봉지에 싸 오더라도 아무런 문제가 없습니다. 만일 본인이 생각했을 때, 심신(心身)이 강건하지 못할 경우에는 스스로 조심해야 할 일인 것만은 틀림없습니다. 왜냐하면 요즘 같은 광명천지의 세상에서도 '주당 걸렸다'라는 사람들이 있기 때문입니다. 걸리고 안 걸리고 하는 것은 '심지의 굳건함'의 정도에 달려있다고는 하나 영(靈)의 세계, 잡신의 세계가 없다는 말은 아닙니다. 정신과 의사들 중에서조차 이 부분을 인정하는 수가 있습니다. 뇌 회로의 문제도 아니고, 소화 기관의 문제도 아닌데 시름시름 아프고, 원인 규명이 안 될 때는 환자를 사찰로 보내어 구병시식을 권유하는 불자(佛子) 의사도 있습니다. 영식(靈識)의 세계를 인정하는 깨인 의사라고 봐야 합니다. 절로 보낸 환자가 구병시식을 통해서 나으니까, 뒤의 환자들에게 계속 그렇게 방향을 틀어주는 것이라고 봐야 합니다.

불교식의 주당 예방법을 하나 소개하겠습니다.

아까 말씀드린 대로 '내가 상갓집에 가는 것이 오늘은 뭔가 마음이 내키지 않고 기분이 찝찝하다. 정말 가기 싫다' 할 경우에는 늘 기도하던 108염주를 목에 걸고 가십시오. 옷 속에 넣어 감추면 됩니다. 그리고 절에서 내 준 소형 독송집이 있다면, 포켓에 넣어 가십시오. 그것 또한 좋은 방책이 됩니다. 돌아와서는 현관문 밖에서 준비해 둔 소금을 온몸에 뿌리면 이중 삼중의 방책이 됩니다.

그리고 집안으로 들어와서는 금강경 CD를 틀어놓고 3번 정도 독송하십시오. 유튜브불교대학에 올려놓은 금강경을 따라 하셔도 됩니다. 덧붙여서 화엄경약찬게도 몇 편 읽으시면 좋습니다. 물론 약찬게도 유튜브에 올려져 있으니 틀어놓고 같이 하십시오.

만일 상갓집이나 전통혼례에 다녀온 이후, 아까 말씀드렸던 그러한 방책은 전혀 하지 않고 있는데, 이유 없이 시름시름 아프고 몸살 같은 기운이 들거나 헛것이 보일 경우에는 며칠 지났더라도 먼저 위에서 제시한 방법을 동원해 보시고, 다음은 절로 쫓아가야 합니다. 절에 가서 신중단, 즉 화엄신장단을 참배하십시오. 물론 먼저, 상단의 부처님께 삼 배 깍듯이 해야 합니다. 그러고는 신중단을 향해 서서 108배 올리시기 바랍니다. 꼭 초공양, 향공양을 곁들여서 하시면 좋습니다. 최소 3일간은 이렇게 해야 하고, 만일 일주일 동안 했는데도 나쁜 기운이 풀리지 않는다면 사찰 스님께 말씀드려서 구병시식을 해야 합니다. 아무리 끈질긴 주당이라도 구병시식으로 해결되지 않는 경우는 없습니다.

결론입니다. 주당은 미신이라고 치부할 수도 없습니다. 불교적으로 잘 방책을 세우고, 불교적으로 잘 치유한다면 오히려 이런 경계를 당하여 신심이 증장(增長) 하는 것이니, 전화위복이 될 수도 있습니다. 다짜고짜 무속인을 찾기보다는 절집안의 방편들을 잘 활용하시길 바랍니다.

내일 다시 뵙겠습니다.
관세음보살

無一우학
說法大典

60
좋은 일이 들어올 때 징조

2020. 04. 29. 세계명상센터 보은전

 관세음보살. 유튜브불교대학 시청자 여러분, 반갑습니다. 오늘은 조금 특별한 주제, '좋은 운이 들어올 때 징조'에 대해서 말씀드리겠습니다.

좋은 운이 들어올 때는 징조가 나타납니다. 세상의 모든 일이 다 그렇듯이 모든 것은 서로 연결되어 있으므로 나의 좋은 운이 그 징조와 맞아떨어진다고 볼 수 있습니다.

화엄경(華嚴經)에서는 이 세상을 '인드라망의 세계'라고 말합니다. 인드라망이라는 것은 제석천의 그물망으로써, 종횡으로 중첩되고 중첩된 그물망입니다. 그 그물망이 하늘에 가득 찼는데, 종횡으로 꽉 들어찬 그물망이 모두 서로서로 연결돼 있습니다. 그래서 아무리 멀리 있는 그물코일지라도 어느 한쪽에서 흔들면 다 작용이 있게 되고 흔들리게 되는 것이지요.

인드라망처럼 이 세상의 모든 일은 마치 하나인 것처럼 다 연결되어 있다고 하여 이를 '화엄(華嚴)의 중중무진연기(重重無盡緣起)'라 합니다. 즉, 이 세상은 인드라망의 세계로 인연이 거듭거듭 중첩돼 있어서 나와 관계되지 않는 인연은 단 하나도 없다, 그렇게 설명을 할 수도 있겠습니다. 그러므로 징조나 조짐 역시 이미 좋은 운과 서로 어울려져 있는 현상이라 볼 수 있습니다. 다시 말해 좋은 운이 들어올 때는 반드시 징조가 있다는 것입니다.

사업적인 면에서, 건강 면에서, 유산상속 같은 문제에 있어서, 시험에서, 부동산 거래에 있어서, 또 불교적으로 말하면 깨달음 문제, 견성(見性) 등 온갖 곳에서 다 좋은 운이 있습니다. 좋은 일이 있습니다. 그런데 그런 모든 것들이 다 어떤 조짐, 징조와 관계가 된다는 말입니다.

그렇다면 지금부터 그 조짐에 어떠한 것들이 있는지 살펴보겠습니다.

첫째, 피곤하고 쓸데없는 인연 관계가 정리됩니다.

피곤하고 쓸데없는 인연 관계가 정리되면 좋은 운이 들어올 가능성이 있어요. 가만히 있는데도 쓸데없는 인연 관계들이 정리가 된다면, 그것이 좋은 운이 들어올 조짐이라는 말입니다.

　스님들이 공부할 때도 공부가 잘돼서 어떤 성과가 나타날 때쯤에는 잡다한 인연이 저절로 다 떨어지고 오로지 공부만 할 수 있는 분위기가 돼요. 한국불교대학에 와서 공부하는 분들도 그런 이야기들을 가끔 하십니다.

　"스님, 제가 불교대학을 이렇게 다니다 보니 저절로 쓸데없는 인연이 많이 없어졌습니다. 쓸데없던 계모임들이 다 없어지니, 공부가 저절로 잘됩니다."

　사회에서 만나면 별수 있습니까? 만나서 남의 흉도 보는 그런 모임들이 참으로 많잖습니까? 그런 모임들이 저절로 싹 없어지니 공부가 저절로 잘 된다는 것입니다. 이처럼 우리가 공부함에 있어서나 사회적으로 세속적으로도 좋은 일을 갖게 될 즈음에는 세속의 잡다한 인연, 쓸데없는 인연, 피곤한 인연들이 다 정리되는 것을 스스로 느끼게 될 겁니다. 그렇게 정리됨으로써 더욱더 본인이 하는 일에 매진할 수 있게 되고, 그로 인해서 큰 성과가 나타나지 않는가 생각합니다.

　둘째, 건강해집니다.

큰 운, 좋은 운이 들어올 때는 건강이 회복됩니다. 아주 고질적으로 앓던 병이 낫는 경우가 있습니다. 앓던 이가 빠진다는 말이 있지요. 그처럼 병이 낫게 되면, 이제 운이 찾아오는 겁니다. 내가 건강을 위해 억지로 노력하지 않았음에도 불구하고 그렇게 될 때가 있는데, 그때가 바로 곧 좋은 일이 찾아오는 때라는 것입니다.

셋째, 키우는 작물이 잘 자라고 숙성 음식 등 이런 것들이 아주 잘 돼 갑니다.

좋은 운이 들어와 있는 곳에는 키우는 작물들이 쑥쑥 잘 자라는 것을 볼 수 있습니다. 우리절만 보더라도 그렇습니다. 이곳 감포도량에는 왕대나무숲의 죽순이 쑥쑥 잘 올라오고 있고, 율무 염주가 아주 잘 크고 있습니다. 그런 것이 다 좋은 운의 조짐입니다.

예로부터 '그 집의 된장 맛이 좋으면, 그 집은 잘 된다'라는 말이 있습니다. 그 말처럼 된장 등 숙성 음식이 잘 되는 것 역시 하나의 조짐입니다. 좋은 일이 일어날 조짐입니다. 그래서 이러한 조짐을 잘 간파하면서 재미를 느끼는 것도 좋은 일이라고 봅니다.

넷째, 성격이 아주 부드러워집니다.

전에는 성질이 까다롭고 스스로도 감당이 안 될 만큼 힘들었는데 언제부터인가 성격이 좋아지기 시작했어요. 저절로 그렇게 된 것이지요. 그러면 좋은 운이 들어오고 있는 조짐이라고 보는 겁니다.

다섯째, 얼굴색이 환해집니다.

얼굴색이 빛이 나고 밝으면 분명히 좋은 운이 들어올 조짐입니다. 이는 얼굴이 펴지니 운도 펴지는 것이 아닌가, 이렇게 볼 수도 있습니다. 아이들을 가만히 한번 관찰해 보십시오. 아이가 어떤 일을 두고 잘 되려고 한다거나, 어떤 시험을 두고 공부 학업 성취 면에서 잘 되려고 할 때는 성격이 아주 발랄해지고 얼굴이 밝아집니다. 밝은 표정으로 잘 웃는 그 아이에게는 반드시 곧 좋은 운이 나타납니다.

여섯째, 긍정적인 심리가 발동합니다.

매사 부정적인 심사로 누가 잘 되면 배가 아팠는데, 긍정적인 심리가 발동되고부터는 철든 사람이 된 것처럼 긍정적인 안목으로 객관의 세계를 바라보게 됩니다.

긍정적으로 살면 본인도 편하거니와 세상 사람들이 모두 다 편합니다. 긍정적인 심리가 일어나고 시간이 많이 지난 뒤에 돌이켜 생각하면, '그때 그런 좋은 마음이 일어나더니 일이 이렇게 잘 됐구나!' 하는 것을 깨닫게 될 것입니다.

일곱째, 의욕이 일어납니다.

의욕이 일어난다는 이 말을 좀 찬찬히 생각해 보십시오. 자신의 본업에 대해 예전에는 억지로 했던 일들이었는데, 이제는 하고 싶은 마음이 막 일어난다는 것입니다. 예를 들어 밥 짓는 것도 그러합니다. 전에는 억지로 했는데 이제는 밥 짓는 것이 재미가 있고 의욕이 일어나요. 내가 하는 일에 대해 저절로 막 의지가 생겨나는 것입니다. 그렇게 했더니 심지어 꿈도 아주 좋은 꿈을 꾸게 되기도 합니다. 꿈이 좋으면 그것 또한 암시가 됩니다.

이와 같이 어떤 일에 대해 '아, 이 일은 참 보람 있는 일이다. 이것은 꼭 내가 할 일이다' 이렇게 의욕이 일어난다면 그것은 좋은 운이 찾아오고 있는 징조입니다.

여덟째, 스스로를 돌아보고 스스로를 관찰하는 마음

의 여유가 생겨납니다.

　자신을 관(觀) 하는, 자신을 돌아보는 명상이 자꾸 된다면, 그 사람은 좋은 운이 지금 다가오고 있는 겁니다.

　아홉째, 감사하는 마음이 일어납니다.

　가족들에게, 동료들에게, 그리고 내가 하고 있는 일에 대해 감사하는 마음이 생기면 좋은 일이 일어날 조짐이라고 생각하시면 됩니다. 감사하는 마음이 있어야지 베풀게 되지 않습니까? 감사하는 마음이 일어나니 자연스레 자꾸만 베풀고 싶어집니다. 그러한 것들이 다 좋은 일이 일어날 징조입니다.

　부처님 전에 감사하는 마음이 일어나고, 내가 알고 있는 스님들에 대해 감사하는 마음이 일어나는 등 그러한 것이 다 좋은 일이 일어날 수 있는 사전 징조라고 보시면 돼요.

　마지막 열 번째입니다. 이 열 번째가 아주 중요합니다. 특히 불교를 믿는 불자들의 입장에서는 아주 중요한 징조입니다. 좋은 운이 들어오는 조짐 열 번째, 신심(信心)이 일어납니다.

전에는 그렇지 않았는데 어느 날부터 신심이 막 일어납니다. '절에 가야지. 가서 기도하고, 불교를 통해 보람 있는 일도 하며 다부지게 살아야지. 부처님을 믿으면서 살아야지' 이러한 마음이 일어나야 절에 가서 절도 하고, 절에 가서 법문도 듣고, 또 절에 가서 봉사도 하게 되는 것입니다. 바로 그러한 마음이 일어나더라는 것입니다. 즉, 신심이 저절로 일어나게 되더라는 것이지요.

　그처럼 신심이 저절로 일어나서 열심히 하다 보면 반드시 좋은 일이 끌려옵니다. 따라서 신심이 일어난다는 그 자체가 좋은 일, 좋은 운이 일어나기 전의 징조라고도 볼 수 있는 것입니다. 억지로 신심을 끌어올리려고 한 것이 아니라 저절로 어느 날부터 그런 마음이 일어난다면 그건 굉장히 좋은 것입니다. 신심이 일어나니 본인의 마음이 너무나 편하고 좋은데, 거기서 끝이 아니라 심지어 그 좋은 에너지는 또 좋은 에너지를 끌고 옵니다. 좋은 에너지가 좋은 에너지를 끌고 와 좋은 일이 일어났으므로 부처님 전에 신심을 낸 그 자체는 좋은 일을 일으키는 징조가 된다는 것입니다. 그러므로 신심이 일어났을 때 더욱 열심히, 재미있게 하신다면 더욱더 보람되고 훌륭한 좋은 운과 마주하게 될 겁니다.

이상 제가 열 가지를 말씀드렸습니다. 물론 다른 경우들도 더 있을 것입니다. 오늘 제가 말씀드린 이것은 제가 수천수만의 사람을 대하면서 제 스스로 정리한 것입니다. 수많은 사람들이 좋은 일을 겪은 뒤 아주 기쁜 마음으로 제게 와서 "스님, 제가 이렇게 이런 일이 있더니만, 이러이러한 좋은 일이 일어났습니다."라며 그 일들이 일어나기 전에 일어났던 징조 조짐에 대해서 말씀을 하셨습니다.

제가 들은 그 내용들을 언제부턴가 정리를 하기 시작하였는데, 그러면서 제가 '아, 이 세계는 인드라망의 세계이다. 역시 조짐은 반드시 어떤 좋은 결과를 가져오는구나' 이런 확신을 갖게 되었고, 그러한 것들을 오늘 소개해 드린 것입니다.

물론 반대의 경우도 있습니다. 즉, 나쁜 운이 닥칠 경우는 이 반대의 경우라고 생각하시면 됩니다. 그러면 상당히 조심하셔야 합니다. 상당히 조심하면서 거기에 대해 대비한다면 조용히 상쇄되고 넘어갈 수 있습니다. 하지만 분명 나쁜 운이 돌아올 것이라는 조짐(1)이 이미 있는데도 불구하고 방치한다면 정말 나쁜 운이 도래하고 마는 것입니다. 그러므로 나쁜 일이 들어올 조짐이 보이면 매우 조심하셔야 합니다.

제가 오늘은 좋은 운이 돌아올 가능성, 저절로 그런 운이 들어오는 조짐에 대해 열 가지 정도 말씀을 드렸습니다. 후일에 '좋은 운을 만드는 방법(2)은 없는가?', 즉 좋은 운을 직접 맞이할 수 있도록 노력을 하는 방법에 대해서 또 말씀을 드리도록 하겠습니다.

내일 다시 뵙겠습니다.
관세음보살

참고하시면 좋은 법문

(1) 큰일 닥치기 전에 조심하시길(유튜브 생활법문)
큰일 터지기 전에 이런 것 조심하라(유튜브 생활법문)

(2) 큰 운 성취, 큰 기회를 잡는 법(설법대전 4)
불자가 된 것은 행운, 더 큰 행운을 부르려면(유튜브 생활법문)
대박 행운을 불러라, 개운법(유튜브 생활법문)
복이 들어오는 언행(유튜브 생활법문)
대복을 부르는 불자의 언행(유튜브 생활법문)
무량복 끌어당기기(유튜브 생활법문)

無一우학
說法大典

61
우리를 위해 오신 부처님
불기 2564년 부처님 오신 날

2020. 04. 30. 세계명상센터 보은전

관세음보살. 유튜브불교대학 시청자 여러분, 부처님 오신 날 아침에 이렇게 인사를 드리게 됐습니다. 가정마다 부처님의 자비 광명이 가득하기를 진심으로 기도 축원 드립니다. 전 세계를 휩쓸고 있는 코로나바이러스가 하루빨리 물러가고 세계 평화가 오기를 진심으로 기도 축원을 드립니다.

오늘은 특별히 '우리를 위해서 오신 부처님'이라는 제목으로 말씀을 드릴까 합니다.

우리 모두는 본래 다 불성 종자를 가진 깨끗하고도 맑은 존재였습니다. 그래서 진리의 세계, 부처님 세계에서 노닐었는데, 한 생각 잘못하여 이 사바세계에 떨어져서는 숱한 고생을 하고 있습니다. 하지만 부처님께서는 자신의 품을 떠난, 자기를 버리고 떠난 중생들을 버리지 않으시고 찾아다니십니다.

이를 법화경(法華經)에서는 '장자(長者) 궁자(窮子)의 비유'라고 해서 설명을 하고 있습니다. 그 내용은 다음과 같습니다.

어느 나라에 큰 부자이면서 덕망 있는 한 장자가 있

었습니다. 그에게는 외동아들이 있었습니다. 그런데 그 아들이 청소년 시절에 어깃장을 놓더니 가출해 버렸습니다. 하지만 장자는 자신을 버리고 나간 아들을 찾아 나섭니다.

모든 재산을 다 정리하여 현금화해서는 인근의 모든 나라를 다 편력(遍歷) 하면서 찾았으나 끝내 찾지 못했습니다. 그래서 나중에는 사람들이 많이 다닐만한, 혹시라도 자신의 아들을 만날 가능성이 있을 법한 곳에 큰 저택을 지어서 살았습니다.

어느 여름날 장자는 대문을 활짝 열어둔 채 많은 시녀들의 시중을 받으면서 대청마루에 누워있었습니다. 아버지는 오늘도 '아들을 못 만나려나? 혹시 오늘은 아들이 집으로 들어오지 않을까?' 그런 생각을 하면서 대문 밖을 응시하고 있는데, 정말 아들이 대문 안을 살그머니 들여다보는 것입니다. 그런데 아들은 거지 형색을 하고 있었습니다. 완전히 노숙자 신세를 하고 돌아다닌 것이지요.

아들을 발견한 아버지가 "저놈 잡아라." 하면서 자기

아들을 잡으려고 하니, 아들은 '몰래 집을 들여다봐서 주인이 화가 났을 것이다'라고 생각하고는 줄행랑을 쳤습니다.

그 모습을 본 장자는 아들의 근기가 하열하다는 것을 단번에 알아차렸습니다. '안 되겠다. 저 아이의 근기에 맞게 우선 친구를 붙여 일을 시켜야겠다'라고 생각하고 자신이 데리고 있던 일꾼을 교육시켰습니다. 그리고 그 일꾼이 아들에게 가서 말했습니다.

"저 집에 가서 일을 하면 품삯을 많이 준대. 나랑 가서 같이 똥거름 치는 일이라도 하지 않을래?"

이렇게 장자는 자신이 데리고 있던 일꾼과 자신의 아들이 친해지도록 한 것입니다. 아들은 '돈을 줄 테니 와서 일하라'고 하니 더 이상 의심 없이 장자의 집으로 와서 일을 하기 시작했습니다.

그로부터 시간이 조금 흐른 뒤 똥거름 치는 일에서 일반 농사짓는 일을 하는 것으로 계급을 높여주고, 또 더 나중에는 집 앞 마당을 쓸도록 했습니다. 같은 동료가 있으니까 아무 부담감은 없었던 모양입니다. 그러니까 아버지의 입장에서는 꾀를 쓴 것이지요. 그리고 나중에는 집 안마당까지 정리하도록 했어요. 더 나중에는 창고도 정리하도록 했습니다. 거지에서 창고지기까지 하게 된 것이니, 깨끗한 위치까지 올라간 것입니다.

더 시간이 흐른 뒤 아버지가 말했습니다.

"너는 참 심성이 곱고 착하다. 네가 내 비서를 하도록 해라."

이렇게 하여 요즘으로 하자면 비서실장을 시켰습니다. 그리고 시간이 더욱 흘러 장자는 죽을 때가 다가오자 자신의 아들을 앉혀 놓고 얘기를 합니다. 동시에 그 나라의 아주 힘 있는 사람들을 다 모아서 얘기합니다.

"사실 비서실장인 이 사람은 나의 친아들입니다."

그러자 다른 사람은 말할 것도 없고, 아들 역시 깜짝 놀랐습니다. 그때까지도 자기 아버지인 줄 몰랐던 겁니다. 그때 장자가 아들에게 말했습니다.

"모년 모월 모일 모시에 너를 잃었다. 그런데 내가 너를 찾아다니느라고 많은 애를 쓰다가 여기서 너를 만났느니라. 너의 어릴 때 특징은 이러이러한데, 지금도 그

특징을 그대로 갖고 있지 않느냐?"

이렇게 해서 확실히 자기 아들임을 확신시켜주고는 모든 재산을 다 아들에게 물려주게 됩니다.

여기에서 얘기하고 있는 장자는 바로 부처님입니다. 또 거지 신세로 돌아다니다가 아버지의 배려로 점점 지위가 올라간 아들은 바로 우리 불자(佛子), 중생을 얘기하는 겁니다. 사바세계를 헤매고 있는 중생들, 그 중생 가운데서도 불자를 말하고 있다고 볼 수 있습니다.

부처님은 자기 품에 있던 중생들, 자신의 아들, 즉 자신이 싫다고 뛰쳐나간 중생들, 불자들을 버리지 않으시고 방편을 써서 다시 자신의 품 안으로 받아들이시는 모습을 보이셨습니다. 그리하여 우리로 하여금 부처님의 자식임을 확신시켜주시고, 끝내는 중생들이 깨달음을 얻도록 하셨습니다.

그것을 경전에서는 어려운 말로 '개시(開示)'라고 합니다. 개시, 즉 열어서 보여 주셨습니다. 부처님께서 직접 '어떻게 하면 깨달음을 얻고, 어떻게 하면 영원한 행복의 세계로 들어가는지를 열어서 보여 주셨다'라는 겁

부처님께서는 진리를 보여주시고 진리를 가르쳐 주심으로써 중생들이 무한한 기쁨과 행복을 얻도록 해 주셨습니다

니다. 부처님께서 직접 행을 보이심으로써 부처님은 우리 중생을 위한 롤 모델이 되어 주셨습니다. 열어 보여 주심으로써, '오입(悟入)'이라, 깨달아 들게 하셨습니다.

다시 연결해서 말씀드리겠습니다.

부처님께서 이 땅에 오심은 어떠한 연유인가? 우리 중생들에게 깨달음의 세계, 영원한 행복의 세계를 열어 보여 주시고, 모든 중생들이 다 깨달아 들게 하셨습니다. 모든 중생들이 영원한 행복의 세계, 깨달음의 세계에 들게 하셨습니다. 그러므로 부처님께서 이 세상에 오신 진실한 메시지를 단 한마디로 말하면 '개시오입(開示悟入)'입니다. 개시(開示) 열어 보여서, 오입(悟入) 깨달아 들게 하신 그 소식입니다. 참으로 그 은혜가 깊고 무거울 뿐입니다.

이 사바세계는 생로병사(生老病死)라고 하는 고통으로 가득 찬 세상입니다. 요즘의 이 코로나 사태를 한번 보십시오. 우리의 삶이 얼마나 힘듭니까? 부처님은 우리 중생을 구제하시기 위해서, 자기 아들인 불자(佛子)들을 구제하기 위해서, 이 험난한 세상에 오셨습니다. 그날이 바로 오늘입니다. 사월 초파일, 오늘입니다.

부처님께서 오심으로 인해 우리는 부처님으로부터 진리라는 가르침을 직접적으로 받게 된 것입니다. 진리의 가르침을 받게 되고, 또 진리적 삶을 우리가 배우게 되는 겁니다. 그를 통해 중생들은 많은 이익을 얻고, 많은 행복을 얻게 되는 것입니다.

이를 법화경에서는 '시교리희(示教利喜)'라 말합니다. 부처님께서는 진리의 세계를 '시(示)' 보여주시고, 진리의 세계를 '교(敎)' 가르쳐 주셨습니다. 그로 인해서 우리 중생들은 '리(利)' 많은 이익을 얻게 하시고, '희(喜)' 기쁨, 즉 행복을 얻게 해 주셨다는 겁니다. 따라서 시교리희라 함은 부처님께서는 진리를 보여주시고 진리를 가르쳐 주심으로써 중생들이 무한한 기쁨과 행복을 얻도록 해 주셨다는 뜻입니다. 다시 말해 중생들로 하여금 무한한 기쁨과 행복을 얻게끔 해 주셨다, 이겁니다.

정리하여 말씀드리자면, 부처님께서는 굳이 오시지 않아도 되는 이 세상에 오셨습니다.

그것은 순전히 다 우리 중생들을 향한 큰 사랑, 즉 대자비심(大慈悲心)으로 오신 것입니다. 그렇게 부처님께서 오심으로써 시교리희, 부처님께서 직접 보여주시고 직접 내려주신 가르침을 통해 우리 중생들은 큰 이익과 기쁨을 얻게 된 것입니다. 오늘 부처님 오신 날을 맞이해서 다시 한번 부처님의 크나크신 사랑과 은혜에 대해서 생각을 해 보게 됩니다.

올해 부처님 오신 날 행사는 코로나 사정으로 인해 윤사월 초파일에 할 예정입니다. 행사는 그때 하지만 진짜 부처님 오신 날은 사월 초파일, 즉 오늘이므로 우리 불자들은 모두 자신이 다니는 절에 가서 부처님 전에 삼배 드리고 등도 하나 다시면 좋겠습니다.

부처님께 등을 다는 것은 부처님 좋으라고 하는 일도 되지만, 사실은 모두 자기 자신을 위한 시주 공덕입니다. 그러므로 부처님 전에 가서 "부처님, 한 달 동안 제가 열심히 기도하겠습니다. 한 달 후에 여기 대법회 있을 때, 그때 다시 오겠습니다." 하며 인사를 잘 드리시길 바랍니다.

불자라면 다른 날은 모르더라도 부처님 오신 날에는 절에 가서 부처님 전에 삼배를 드리고 인사를 해야 하지 않겠습니까?

 건강하시고 내일 다시 뵙겠습니다.
관세음보살

無一우학
說法大典

62
불교 용어 도둑맞다

2020. 05. 01. 세계명상센터 보은전

관세음보살. 유튜브불교대학 시청자 여러분, 반갑습니다. 오늘은 '불교 용어 도둑맞다'라는 특별한 주제를 가지고 말씀을 드리도록 하겠습니다.

얼마 전 코로나 감염으로 인해 이만희 씨가 이끄는 증거장막성전 신천지 교회가 세간의 큰 주목을 받으면서 대대적으로 보도되었습니다. 그들의 이야기를 보도하는 과정에서 언론들이 '포교(布敎)'라는 말을 많이 썼습니다. 그들이 흔히 사용하는 전도, 선교라는 말 대신 불교에서만 쓰던 포교라는 용어를 사용한 것입니다.

하지만 제가 자료를 찾아보니 신천지 교회에서는 포교라는 말을 일절 쓰지 않았습니다. 그들은 다 전도, 선교라는 말을 사용해왔습니다. 그러면 어떻게 포교라는 말을 언론에서 그렇게 쓰게 됐는지, 제가 다시 또 자료를 찾아보지 않을 수 없었습니다. 자료에 의하면 일부 기독교 단체의 수뇌부에 있는 사람들이 자기들끼리 용어를 정리하기로, 정통 교단에서 기독교를 알리는 것은 전도 또는 선교라 하고, 자기들이 보았을 때 정통에서 벗어났다, 소위 이단 교회에서 기독교를 알리는 행위에 대해서는 포교라고 하기로 했다는 것입니다. 즉 '자신들이 기독교를 알리는 행위는 선교 전도이고, 정통을 벗어난 이단 교회에서 기독교를 알리는 것은 포교라 하자' 이렇게 정했다는 겁니다.

제가 보기에는 기독교도 일반 기독교인들은 다들 종교심이 착하고 좋은데, 수뇌부의 사람들이 더러 문제를 일으키는 것 같습니다. 아무튼 수뇌부 사람들이 불교에서 쓰던 포교라는 말을 그렇게 갖다 붙여놓음으로써 다른 사람들이 그 용어를 들었을 때는 대단히 천박하고 나쁘게 들리도록 만들었습니다.

물론 이단이라고 치부 당하는 교단에서는 절대 스스로 포교라는 말을 쓰지 않습니다. 당연히 자기들은 선교니 전도니 하는 말을 씁니다. 스스로 잘났다고 자부하는 정통 기독교 교단에서 이단 교단들에 대해서 자기들끼리 그렇게 써 버린 것뿐입니다. 그러면서 동시에 가만히 있는 불교까지 나쁜 행위를 하는 것처럼 보이도록 만들어 놓은 것입니다. 신천지 사태가 일어나자 정통 기독교에서는 신천지 교회를 이단이라고 치부하면서 포교라는 단어로 덮어 씌워버린 것입니다. 그러다 보니 공공단체들, 특히 서울시 같은 곳도 덩달아서 포교라는 말을 썼습니다. 거기에 대해서 불교 단체 중 하나인 불교 여성개발원에서 서울시에 정식으로 공문을 보내서 정정을 요구했습니다.

"포교라는 말은 원래 기독교에서 쓰지 않는 말입니다. 기독교 단체에서 신천지 교회를 나쁘게 말하기 위해서 불교 용어인 포교를 가져다 쓴 것입니다. 그 사정은 그 사정대로 있는 것이겠지만 왜 불교를 폄훼하는 이미지를 심습니까? 표현을 고쳐주시기 바랍니다."

그러자 서울시에서 "참으로 일리 있는 말씀입니다. 앞으로 서울시에서는 공문을 만들 때나 뉴스를 제공할 때 신천지에서 하는 행위들에 있어 포교라는 말을 절대 쓰지 않겠습니다. 그들이 말하는 선교, 전도라는 말을 그냥 쓰도록 하겠습니다."라며 여러 기관에 공문을 보냈다고 합니다. 그것이 각 언론에 다시 방송이 되었습니다.

사실은 교단 차원에서 해야 할 일임에도 불구하고 한

불교 단체에서 이 일을 한 것은 참으로 대단한 성과라고 생각합니다.

  그런데 사실 이런 오류는 너무나도 많아서 일일이 다 지적하기도 힘든 것이 사실입니다. 당장에 '종교(宗教)'라는 말만 해도 그렇습니다. 종교(宗教)는 '마루 종(宗)' 자에 '가르칠 교(教)' 자로 '으뜸 되는 가르침'이라는 뜻입니다. 그런데 종교를 릴리전(Religion)이라는 단어와 동일시해 놨습니다. 릴리전이라는 단어는 서양에서 신과 인간의 관계를 뜻하는 것으로 쓰입니다. 그런데 이 릴리전을 종교로 번역하여 쓰고 있는 실정입니다. 신과 인간과의 관계가 어떻게 으뜸 되는 가르침입니까? 이를 두고 종교학자들도 '그것은 매우 큰 오류'라고 말합니다. 왜냐하면 불교는 신과 인간의 관계를 말하는 종교가 아닙니다. 불교는 참 진리를 설파하고 명상을 가르치는, 그래서 끝내 참자아를 발견하도록 가르치는 것으로 전혀 신이라는 말을 개입시키지 않습니다. 그런데 신과 인간의 관계를 뜻하는 단어인 '릴리전'과 '종교'라는 말을 동일시하여 그것으로 불교를 표현하는 것은 큰 오류라는 것이지요.

　그리고 기독교인들이 자신들의 말처럼 예사로 쓰고 있는 단어 중에 '장로(長老)'라는 말도 있습니다. 하지만 장로도 사실은 불교 전용어였습니다. 우리가 늘 외우는 금강경에도 보면 '장로 수보리'라는 말이 나옵니다. 원로라는 말을 사용해도 될 텐데 굳이 불교에서 쓰는 장로라는 말을 가지고 갔습니다. 함부로 가지고 가서는 자기 직책에도 장로라는 말을 쓰고, 장로교회, 장로파 등 다양하게 쓰고 있습니다.

　또 '전도(傳道)'라는 단어도 그러합니다. 전도(傳道)라 함은 '도를 전한다', '도를 굴린다'라는 말인데, 이 역시 불교에서 쓰던 불교 전용어였습니다.

　"자, 이제 전도를 떠나라. 세상 사람들의 행복과 이익을 위하여!"

　부처님께서는 60명의 제자가 생겼을 때 이렇게 전도 선언을 하시게 됩니다. 아주 대단한 사건이었습니다. 그래서 우리는 늘 전도에 대한 사명, 전도 선언의 의미를 가슴에 품고 살아야만 하고, 또 그리해왔습니다. 하지만

이 전도라는 말 역시 지금은 기독교인들이 더 많이 쓰는 그런 형편이 되고 말았습니다.

전도라는 말을 가만히 한번 살펴보십시오. 전도의 도(道) 자는 '진리 도', '길 도'입니다. '도를 닦다'라고 할 때의 도, 수도(修道)라고 할 때의 도 자입니다. 불교에서 봤을 때 기독교는 도를 닦는 것이 아니라 그냥 하느님을 추종하고 하느님께 소원을 비는 정도입니다. 도(道)라고 이름을 붙일 수는 없어요.

반면 불교는 늘 도(道)를 얘기합니다. 마음 닦는 것, 그것이 도(道)입니다. 그리고 나중에 참자아를 깨닫는 것, 그것이 다 도(道)이지요. 그렇게 거룩한 도(道)의 개념을 신을 믿는 사람들이 같이 쓰고 있다 보니 도(道)라는 개념도 대단히 천박해지고 말았습니다.

종교에 단계를 매기자면 우선 다신교(多神敎), 일신교(一神敎) 여기까지는 신(神)의 범주입니다. 그다음 종교의 단계는 진리를 추구하는 진리교(眞理敎)입니다. 그 위의 단계가 명상교(瞑想敎)입니다. 그리고 그보다 더 위의 단계가 바로 불교처럼 나 자신을 찾아가는 자각교

(自覺敎)입니다. 그런데 하위 단계인 신의 종교의 범주에 있는 사람들이 자꾸 상위 단계에 있는 명상교, 자각교의 상위 개념을 끌어다 쓰다 보니, 그 개념에 있어서 착각의 오류가 생기게 된 것입니다.

우리 종교인들은 용어를 제대로 써야겠다는 생각도 들고, 특히 불교인들이 많이 각성해야 합니다. 각성(覺性)이라 함은 저들 종교에서 우리의 용어를 많이 쓴다고 해서, 우리가 쓰지 않아야 할 이유가 없다는 말입니다. 당장에 전도, 전도사, 장로와 같은 말들은 아무리 다른 종교인들이 쓰더라도, 우리도 같이 많이 써도 됩니다. 아니, 많이 써야만 합니다. 옛날부터 쓰던 우리의 용어들인데, 이것을 우리가 기피할 이유가 전혀 없습니다.

진리를 가르치는 종교, 명상을 가르치는 종교, 자각(自覺), 즉 스스로 깨달음을 추구하는 종교인 이 불교에서 좀 더 많은 힘이 갖추어져서 이런 용어들이 나중에라도 정리가 되었으면 합니다. 그렇게 되기 위해서는 지금 유튜브불교대학을 구독해 주시는 우리 시청자들께서 주위에 많이 포교해 주셔야 합니다. 유튜브불교대학이라도 많이 구독하게 해서 한 사람 한 사람의 힘이 모인다면, 그것이 불교의 힘이 되고, 그것이 용어를 되찾는 일이 되었으면 하는 간절한 바람입니다. 우리가 좀 깊이 생각해 볼 문제가 아닌가 싶습니다.

아까도 말씀드렸듯이 기독교인들 중에는 진정 참 종교인도 많습니다. 그런데 소위 수뇌부에 있는 사람들이 이단에서 하는 행위에 우리 불교 용어를 갖다 붙임으로써 어찌 보면 고의적으로 불교를 폄훼하는 게 아닌가 생각합니다. 그래서 기독교나 불교나 더 순수하고, 더 남의 종교를 배려하는 종교인이 되었으면 합니다.

건강하시고 내일 다시 뵙겠습니다.
관세음보살

無一우학
說法大典

63
큰 운 성취, 큰 기회를 잡는 법

2020. 05. 02. 세계명상센터 보은전

관세음보살. 유튜브불교대학 시청자 여러분, 반갑습니다. 오늘은 '큰 운, 큰 기회를 잡는 법'이라는 주제를 가지고 말씀을 드리겠습니다.

우리는 보통 큰 기회는 평생에 서너 번 찾아온다고 말합니다. 그렇다면 나에게 기회가 찾아왔을 때, 절대 그 기회를 놓치지 않는 것이 참으로 중요하지 않겠습니까? 그러한 기회나 행운을 그냥 앉아서 마냥 기다리는 것이 아니라, 잘 준비하고 있어야 합니다. 또 정말로 기회가 왔을 때, 잘 포착하는 것이 현명한 사람의 처신이라고 생각합니다. 그래서 오늘은 제가 큰 운, 즉 큰 기회를 잡는 법에 대해 말씀드리겠습니다.

바로 본론으로 들어가겠습니다. 큰 운, 큰 기회를 잡는 법입니다.

첫째, 언제나 두렷이 깨어있어야 합니다.

제가 만든 말 중에 '항시수원각(恒時須圓覺)'라는 말이 있습니다. 이는 '항상 두렷이 깨어있어야 한다'라는 뜻입니다. 잘 깨어있다는 것은 늘 준비를 잘 하고 있다는 말과 일맥상통합니다. 기회는 반드시 옵니다. 그 기회를 잡기 위해서는 항상 깨어있어야 합니다. 깨어있지 않으면 큰 기회가 오더라도 놓쳐버립니다.

둘째, 건강을 잘 유지해야 합니다.
큰 운, 큰 기회가 왔다 하더라도 건강이 시원찮으면 다 쓸데없는 일입니다. 그러므로 늘 몸을 관리하고 운동하는 시간을 가져야 합니다. 절대 운동하는 시간을 아깝다고 생각하면 안 됩니다. 또 많이 움직여야 합니다. 많이 움직이고, 많이 걷기만 하더라도 건강을 유지할 수가 있습니다.

셋째, 긍정적으로 생각해야 합니다.
'잘 되겠지', '나는 잘 돼', '잘될 거야' 이렇게 늘 긍정적으로 자기 암시를 해야 합니다. 그렇게 하면 긍정적인 기운이 자신에게 찾아옵니다. 그래서 그 기운이 응축되면, 소위 말해서 일냅니다.
아침에 일어나서도 긍정적인 마음가짐으로 출발해야만 합니다. 그러려면 관세음보살의 미소를 생각하면서 미소관(微笑觀)을 좀 하셔야 합니다. 관세음보살을 외우면서, 관세음보살의 미소를 자기 미소로 갖다 놓으십시오. 스스로 빙긋이 웃으면서 관세음보살의 미소를 닮으려고 한다면, 긍정의 에너지가 자기 몸에 붙습니다. 미소는 긍정의 에너지를 불러온다고 보시면 돼요. 그러니까 거울 볼 때도 억지로라도 한두 번 싱긋이 웃으십시오. 주무시기 전에 누워서도 관세음보살의 그 따뜻한 미소를 생각하면서 스스로 웃는 미소관을 꼭 하십시오. 누워서 하서도 관계없습니다. 미소관을 수시로 꼭 하십시오. 미소관을 자주 하라는 것은 부처님의 미소, 관세음보살님의 미소를 보면서 자기 스스로도 자주 미소를 지어 보라는 것입니다. 그러면 긍정적인 에너지가 발생되고, 긍정적인 사고가 생겨날 것입니다. 그러다 보면 좋은 기회들이 저절로 찾아올 것입니다.

넷째, 감사하는 마음을 갖도록 노력해야 합니다.

마음속으로 항상 고맙다, 감사하다는 마음을 가져야 하고요. 감사할 대상이 있다면, 직접적으로 "감사하다, 고맙다."라고 말할 필요가 있습니다. 감사하다는 마음을 내고 감사하다는 말을 하면, 진짜로 감사할 일이 많이 생깁니다.

큰 운, 큰 행운, 큰 기회라고 하는 것은 자신의 그 감사함의 에너지가 끌고 올 때가 많습니다. 그러기 위해서 우리가 꼭 해볼 필요가 있는 것이 바로 '감사 일기'를 쓰는 일입니다. 매일 감사 일기를 쓰면 분명히 큰 운이 돌아올 겁니다. 단 한 줄이라도 써 보십시오. 제가 쓴 책 중에서도 '감사하고 사랑하며'라는 제목의 책도 있습니다. 아무튼 우리는 늘 감사하며 살아야 하는데, 그러기 위해서 감사 일기를 단 한 줄이라도 반드시 쓰실 것을 간곡하게 말씀드립니다.

그래서 오늘은 숙제를 드리겠습니다. 그것은 '매일 단 한 줄이라도 감사 일기 쓰기'입니다. "스님, 나는 감사할 일이 없습니다."라고 하시는 사람들은 '오늘 제 숨이 붙어 있어서 감사드립니다' 또는 '오늘 유튜브불교대학 방송을 들을 수 있어서 저는 감사합니다' 그렇게라도 쓰십시오. 반드시, 단 한 줄이라도 꼭 쓰시길 바랍니다.

다섯째, 쓸데없는 인연일랑 다 과감하게 정리를 하십

시오.

쓸데없는 인연이라는 것은 어떤 인연을 말하는가?

먼저 나의 의지를 꺾는 인연들은 쓸데없는 인연입니다. 사람을 만나다 보면 괜히 잘난 척하면서 나의 의지를 꺾는 사람, 그런 인연들이 있습니다. 나의 의지를 꺾는 그런 인연은 정리하십시오. 두 번째로 은근히 사람 약을 올리고 화를 돋우는 사람, 쉽게 말해 깔짝거리는 사람, 그런 인연은 끊는 것이 좋습니다. 세 번째로 배은망덕(背恩忘德) 한 인연들이 있습니다. 은혜를 입고도 은혜에 대해서 전혀 고마워할 줄 모르고 배신하는 사람들은 과감하게 인연을 끊어 버려야 됩니다. 네 번째는 부정적인 에너지를 주는 사람들입니다. 말할 때마다 늘 부정적인 얘기를 하는 사람은 좋지 않습니다. 다섯 번째는 시간을 뺏는 사람들입니다. 만나서 얘기하고 돌아서면 뭔가 허전하고, 시간을 다 뺏겼다는 생각이 들고, 기분이 좀 찝찝하고, 시간 낭비했다는 생각이 드는 그런 인연은 정리해야 합니다.

제가 말씀드린 이와 같은 쓸데없는 인연들일랑 과감

히 정리하는 것이 좋습니다. 그래야지 좋은 운이 닥칩니다. 끊어야 할 인연은 끊어내 버려야 합니다. 좋은 운이 오는 길목을 막고 있는 인연들을 없애야지 크고 좋은 운이 온다는 말입니다.

여섯째, 조상의 천도재를 잘 지내줄 필요가 있습니다.

우리가 평소 지장재일에는 천도재를 지내고, 백중이 돌아오면 백중 재를 지내지요. 한국불교대학 大관음사의 경우에는 지장재일, 백중 외에도 매주 토요일마다 재를 지내는 '1년 49주 천도재'도 지내고 있습니다. 하지만 그것들은 평소에 늘 하는 재(齋)입니다. 어떤 큰일을 앞두고는 그와 별개로 조상 천도재를 특별하게 지내는 것이 큰 힘이 됩니다. 제가 "우리 운명을 결정짓는 데는 조상의 음덕이 5퍼센트 작용한다."라고 말씀을 드린 바가 있습니다. 그러므로 큰일을 앞두고는 조상의 천도재를 지내는 것도 굉장히 중요한 요소라고 볼 수 있습니다.

일곱째, 평소에 늘 기도를 잘 하셔야 합니다.

밥 먹고 잠자고 하는 것은 늘 하는 일이지요. 기도도 평상시에 밥 먹고 잠자는 일처럼 그렇게 해야 합니다. 그러므로 아침이든 저녁이든지 간에 관음정근을 적어도 한 30분 이상 하고, 금강경은 적어도 1독은 하며, 사경도 하는 등 그렇게 평상시에 기도를 해야 합니다.

그와 아울러서 큰일을 앞두고는 용맹정진을 할 필요가 있습니다. 큰 운이 지금 막 들어오고 있는 것이 보이면, 그 앞에 나가서 운을 맞이하는 정진을 해야 합니다. 용맹정진(勇猛精進), 즉 날을 잡아서 24시간 또는 18시간이라도 절을 하든지 다라니를 하든지, 자기가 평소 좋아하는 기도를 다부지게, 아주 가일차게 힘을 모아서 바짝 한번 해 보라는 겁니다. 용맹정진을 통하면 크게 다른 것을 볼 수 있습니다. '불사일번(拂死一番) 절후소생(絕後蘇生)'이라, '한 번 크게 죽으면 크게 다시 태어난다'고 했습니다. 내 몸과 마음을 확 비워 버려야 합니다. 용맹정진은 내 몸과 마음을 완전히 비워내는 작업입니다. 그래서 용맹정진을 하면 아주 깨끗하고 큰 좋은 그릇이 하나 장만이 되는 것입니다. 그러면 그 속에 한량없는 복

덕과 지혜가 꽉 담깁니다. 다시 말해, '큰 운이 들어올 때 용맹정진이라는 자기 수행을 통해 큰 운이 담길만한 그릇을 장만하라' 이 말입니다.

한국불교대학 大관음사는 기도를 많이 하는 도량입니다. 정진을 많이 하는 도량입니다. 전 신도가 10만 배 기도를 한 적도 있고요. 지금은 33년 대 수행정진 기간입니다. 이 대 수행정진은 2041년도에 회향이니, 아직 시간이 남았습니다. 사찰의 발전도 그냥 이루어지는 것이 아닙니다. 사부대중, 즉 스님과 신도님들이 다 같이 열심히 정진하고 기도함으로써 그 운이 오는 것입니다. 대운을 잘 수용하기 위해서 사찰도 기도를 하는데 개인은 더 말할 것이 뭐 있겠습니까!

절에서도 운을 잘 잡기 위해서 열심히 기도 정진하듯이 불자님들 개개인도 '큰 운이 들어온다', '내게 어떤 큰일, 좋은 일이 닥칠 것 같다'라고 한다면 앉아서 기다리지 말고, 저 대문 바깥에 나가서 맞이하는 것처럼 용맹정진도 좀 하고, 절에 가서 기도도 올리면서 다부지게 하십시오. 그러면 그 운이 훨씬 더 정확하게 오고, 그 운이 더 크게 닥칠 겁니다. 좋은 운이 본인들에게 오게 될 것입니다. 제가 재차 강조하여 말씀드립니다. 우리는 언제나 정진하며 살아야 하는데, 특별히 큰일을 앞두고는 더욱 가일차게 용맹정진 하는 그러한 삶이 되셨으면 좋겠습니다.

이상으로 일곱 가지 정도 말씀드렸습니다. 찬찬히 새겨보시어 다들 기회를 놓친 후에 아쉬워하는 그런 일이 없으시길 바랍니다.

아까 내드린 숙제, '단 한 줄이라도 좋으니 감사 일기를 써보라' 이것을 꼭 실천해 보시길 다시 한번 간곡하게 말씀드리며 마치겠습니다.

늘 건강하시고 내일 다시 뵙겠습니다.
관세음보살

無一우학
說法大典

64
염주의 힘

2020. 05. 03. 세계명상센터 보은전

관세음보살. 유튜브불교대학 시청자 여러분, 반갑습니다. 오늘은 '염주의 힘'이라는 제목으로 법문하겠습니다. 염주의 힘, 왠지 재미있을 것 같지요?

불설목환자경(佛說木槵子經)이라는 경에 보면, 염주를 가지고 수행을 하면 '큰 공덕이 있다'라고 분명히 나와 있습니다. 불자들이 하는 모든 수행은 다 경전에 근거한 것입니다. 그런데 다른 종교인들은 그들이 보기에 우리가 염주를 가지고 하는 것을 보니, 그것이 참 좋아 보였나 봅니다. 그래서 그들도 비슷한 것을 가지고 염주처럼 돌리는데, 사실 그들의 경전에는 그리하라는 내용이 없습니다. 그저 우리가 하는 것을 보고 응용해서 하는 것이 아닌가 생각합니다. 하지만 불교 경전에서는 염주를 가지고 수행하는 것에 대해 아주 자세하게 기록을 하고 있습니다.

그렇다면 부처님께서 염주에 대해 어떤 말씀들을 하셨는지, 불설목환자경을 한번 살펴보겠습니다. 불설목환자경에서는 "108 염주를 가지고 염불을 하는데, 20만

번 이상 삼보(三寶)와 부처님 명호를 외우면, 천상의 세 번째 단계인 야마천에 태어난다. 그리고 100만 번을 외우게 되면 108번뇌가 끊어지고 생사를 벗어나 열반에 이른다."라고 하였습니다.

아마 100만 번 외우는 것은 그리 어렵지 않을 겁니다. 따라서 우리가 야마천이라는 하늘나라에 태어나고, 생사의 흐름을 거슬러서 열반에 이르는 것이 그리 어려운 것은 아니라고 볼 수도 있겠습니다. 그래서 저는 늘 "기도를 하실 때나 명상을 하실 때, 그냥 하는 것보다 염주를 들고 하는 것이 천만 배 더 쉬운 길이고, 더 수승한 길입니다." 이렇게 말씀을 드립니다. 왜냐하면 염주 안에는 힘이 있기 때문입니다.

염주는 '생각 념(念)' 자, '구슬 주(珠)' 자, '부처님을 생각하는 구슬'이라는 말입니다. 그러므로 염주를 들고 하는 것이 부처님 세계로 가는 데 훨씬 더 가깝다는 말입니다.

우리는 염주를 내 몸의 일부처럼 생각하고 항상 몸에 붙여 다니는 것이 좋습니다. 단주를 끼든지 아니면 손목에 차든지, 또는 목에 걸든지 몸의 한 일부로 생각하고 늘 가지고 다니십시오.

염주를 구입하게 되면 점안(點眼) 의식을 꼭 하지는 않더라도, 그에 비견되는 의식은 할 필요가 있습니다. 어떻게 하면 되는가? 염주를 새로 구입하였다면 새 염주를 법당에 가지고 가서 상단(上壇) 위에 올려놓고 108배라도 한 번 하시고, "부처님 제가 오늘 염주 하나 구입했습니다." 이렇게 보고를 하시면 됩니다. 또는 사시불공 때 상단에 올려놓고 기도를 하신 뒤에 그것을 몸에 지니시면 좋습니다.

그렇게 해서 부처님의 증명이 있는, 부처님께서 증명하신 염주가 더 믿음이 가고 더 좋습니다. 어떤 분들은 "스님, 이 염주를 스님께서 하루쯤 차고 계시다가 주십시오."라고 하기도 하는데, 그것도 하나의 좋은 방법이 되겠습니다. 부처님 전에 증명이 된 염주는 분명히 생명력이 있습니다. 그러므로 어디 다니실 때는 반드시 염주를 지니시기 바랍니다.

특히 불안한 장소에 가게 되거나, 상갓집에 갈 때 염

주를 꼭 손목에 차든지, 남들 보기에 좀 머트러우면 목에 염주를 걸고, 그 위에 옷을 입으시길 바랍니다. 그렇게 하면 염주가 몸에 닿잖아요? 그러면 주당(1)은 염려할 것도 없습니다. 그리고 아마 제가 후일에 말씀을 또 드릴 기회가 있을 텐데, 새 차를 산 경우(2)에도 의식을 한 염주를 백미러에 하나 거신다면 그것도 마음의 안정을 도모하는 데 큰 도움이 될 것입니다.

이러한 염주에는 108염주가 있고, 손목에 차는 단주가 있습니다. 그리고 108 염주도 아니고 손목에 차는 단주도 아닌데, 손에 잡기에 아주 적당한 크기로 된 염주가 있습니다. 이것은 어디 다니실 때 들고 다니며 기도하기 딱 좋은 크기와 길이로 되어 있습니다. 포행하실 때나 산책하실 때, 또는 산행하실 때 이런 염주를 하나 딱 잡고 돌리면서 길을 걸으면 참 좋겠습니다.

이러한 염주를 만드는 재료는 여러 가지입니다. 금강주와 같은 것도 있고요. 향나무 등 나무를 이용하여 만든 염주도 있습니다. 또한 여러 가지 곡식 종류의 열매를 모아서 만든 염주도 있습니다. 그중에서도 제일 의미 있는 염주는 '보리수 염주' 또는 '보리자 염주' 입니다. 또 '염주 염주'라고 해서 율무와 비슷하게 생긴 염주라는 식물로 만든 염주가 있습니다.

이 중에서 보리수 염주와 염주 염주, 이 두 가지에 대해 제가 조금 더 설명을 드리겠습니다.

먼저, 보리수 염주입니다.

우리나라에는 열매가 달리는 보리수나무가 있습니다. 이 나무의 열매를 따서 만든 염주를 '씨 자(子)'자를 써서 '보리자(菩提子) 염주' 또는 '보리수(菩提樹) 염주'라고 말합니다. 보리자, 보리수 열매를 엮어 만든 염주는 아주 고급입니다. 입자가 아주 단단하고, 절대 깨지지 않습니다. 그래서 잘 쓰면 한 3, 40년은 아주 거뜬하게 쓸 수가 있습니다. 불자라면 보리자 염주 또는 보리수 염주를 하나 정도는 갖고 있는 것이 좋습니다.

제가 지금 가지고 있는 보리자 염주는 우리절에서 심어서 가꾼 보리수나무에서 딴 열매로 만든 염주입니다. 대단히 귀하지요. 한국불교대학 大관음사 감포도량, 세계명상센터가 있는 이곳 무일선원 무문관에는 열

그루 정도의 크고 작은 보리수나무가 있습니다. 또 저희들이 다 함께 힘을 합쳐서 운영하고 있는 참좋은 이서중·고등학교에도 한 열 그루의 보리수나무가 있습니다. 하지(夏至)가 지나면 그 나무들의 열매를 따 잘 가공해서 염주로 만드는데요. 염주 알이 그렇게 많이 나오지는 않아서 더 귀합니다. 그래서 한국불교대학 산하 기관들에 있는 보리수나무에서 딴 열매로 만든 특별한 보리자 염주는 포교를 많이 하신 분들에게 선물로도 드리기도 합니다.

그리고 또 하나는 염주 염주입니다. 염주는 그 생김새가 율무와 비슷하게 생겼습니다. 하지만 율무와 염주는 학명도 다르거니와, 싹이 틀 때 깨서 보면 율무는 배아가 하나인데, 염주라는 식물은 배아가 세 개입니다. 이처럼 율무와 염주는 전혀 다른 식물입니다. 다만 모양새가 좀 비슷할 뿐입니다. 보통 율무를 가지고 염주를 만들어서 율무 염주라고 하는데, 사실 율무는 굉장히 흔합니다. 반면에 염주는 매우 구하기가 어렵습니다.

제가 작년, 재작년에 염주를 구하려고 많은 애를 썼

습니다. 백방으로 애를 쓰다가 간신히 한두 곳에서 겨우 씨만 구해서 심었습니다. 그 씨가 작년에 번식을 많이 했습니다. 그래서 그걸로 염주를 만들었습니다. 이 염주 염주도 포교 선물로 드려야겠다고 마음을 먹고, '한 사람 포교하면, 하나씩 드리자' 라고 약속을 하고 포교해 오는 분들에게 선물로 드렸습니다.

염주 염주는 그냥 봤을 때는 율무와 구분이 잘 안됩니다. 하지만 율무하고는 질이 좀 다릅니다. 입자가 아주 단단하고 반들반들하며, 입으로 깨물어도 깨지지 않습니다. 보통 율무는 다 깨지거든요. 그리고 이 염주는 건강에 아주아주 좋다고 얘기합니다. 특히, 간 또는 간 기능 저하로 파생된 피부병에 특효약이라 합니다. 염주 대궁이, 염주 뿌리, 염주 열매를 먹고 그러한 병들을 고쳤다고 하는 분들이 아주 많습니다. 그래서 저희가 작년에는 이 염주를 좀 많이 보급했습니다. 하지만 이게 일이 얼마나 많은지, 올해는 많이 축소할 생각입니다. 올해는 씨만 보존할 정도로 할 생각입니다.

염주는 제가 경험한 바에 의하면, 옮겨심기하는 것보

다는 직파하는 것이 훨씬 더 대궁이가 튼튼하고 열매가 잘 달립니다. 옮겨 심기보다는 직파하는 것이 좋으니, 혹시 이 방송을 들으시고 씨를 구하고 싶으신 분들은 연락 주시면 스님들에 한하여 나누어 드리겠습니다. 스님들 중에서 사찰 내에 텃밭을 갖고 있으셔서, '우리도 우학 스님이 하고 있다는 저 염주 씨앗을 좀 구해야겠다'라고 하시는 스님들에게, 많이는 못 드리고 한 백 개 정도 드리겠습니다. 백 개도 양이 많습니다. 그리고 거기서 열매를 받으셔서 계속 더 넓히시면 됩니다.

오늘 염주(念珠) 얘기하다가 다른 얘기로 너무 길어졌습니다. 제가 다시 말씀드립니다. 염주에는 힘이 있습니다. 경(經)에서도 '염주가 힘이 있다'라고 분명하게 말씀을 하고 있습니다. 그러니 어디 다니실 때는 늘 염주를 지참하시고요. 특히 길을 걸을 때 꼭 염주를 들고 길을 걸으시길 바랍니다. 또한 자동차에도 염주를 걸으시면 좋겠습니다. 그리고 어려운 일이 있을 때 절대 당황하거나 실망하지 말고, 이 염주를 딱 잡고 관세음보살을 부지런히, 부처님 명호를 부지런히 외우십시오. 반드시 부처님의 가피가 쏟아질 겁니다. 왜냐하면 내 마음과 염주의 힘이 합쳐지기 때문에 그렇습니다.

염주(3)에 대해서는 후일에 좀 더 보충해서 설명을 또 한 번 더 드리도록 하겠습니다.

 건강하시고 내일 다시 뵙겠습니다.
관세음보살

참고하시면 좋은 법문

(1) 주당살 풀기(설법대전 4)
(2) 차 고사(설법대전 4)
(3) 염주의 신통(설법대전 5)
　　염주 잡고 기도하면 100배 더 잘 된다(유튜브 생활법문)

無一우학
說法大典

65
차 있는 분 보세요, 차 고사

2020. 05. 04. 세계명상센터 보은전

 관세음보살. 유튜브불교대학 시청자 여러분, 반갑습니다. 오늘은 생활 속 법문으로, '차 고사'에 대해서 말씀을 드리도록 하겠습니다.

역학(易學)에서는 차 사고가 나는 것을 '백호살(白虎殺)'의 하나라고 봅니다. 백호살이라 하면 '호랑이의 우환', '호랑이에게 물려 죽는 우환'을 얘기하는데, 그러한 살(殺)을 백호살이라 합니다. 아주 무서운 살이지요.

옛날에는 호랑이의 우환이 참 컸던 모양입니다. 이제는 호랑이는 다 없어지고, 그 호랑이의 우환에 버금가는 것이 자동차 사고가 아닌가 해서, '자동차 사고 살'을 백호살이라고 같이 부르기도 합니다. 그렇다 보니 그만큼 차 고사가 중요하게 된 것입니다.

제가 경험한 바로는 일부의 사람들은 차 사고에 대해서 거의 걱정을 안 하시고, 일부 차 사고가 가끔 나는 분들이 차 사고에 대해서 아주 민감하고 스트레스를 많이 받습니다. 그래서 차 고사, 차를 앞에 대 놓고 고사를 지내는 이런 의식이 생겨나지 않았는가 생각합니다.

제가 차 고사를 지내는 것을 보고, 크게 느낌을 받은

적이 두 번 정도 있었습니다. 한 번은 중국에서였습니다. 성지순례 겸 만행으로 중국 전체의 선종 사찰을 순례할 때, 육조 혜능 스님이 마지막에 거처하셨으며, 스님의 어머니를 모셨다고 하는 국은사(國恩寺)에 갔을 때였습니다. 국은사로 막 들어가는데, 절 입구에서 고급 승용차를 두고 스님 두 명이 차 고사를 지내고 있었습니다. 음식도 많이 차려놓고, 차를 돌면서 1시간 정도는 했던 것 같습니다. 우리 일행이 국은사를 다 참배하고 후원 쪽으로 가는데, 차 고사 지냈던 스님들 두 분이 저희를 불렀습니다.

"어디서 오셨습니까?"
"한국에서 왔습니다."

그러자 그 스님들은 우리를 아주 반갑게 맞이해 주셨습니다. 그뿐만 아니라 "여기는 육조 혜능 스님과 관계가 깊은 절입니다. 그러니 육조단경을 선물로 드리겠습니다."라고 하시면서, 중국 말로 번역된 육조단경 책도 주셨습니다. 그래서 아주 고마운 마음을 가진 적이 있었습니다.

그때 저는 생각했습니다. 분명 선종(禪宗)은 '마음이 곧 부처'라는 것을 가르칩니다. '마음 깨쳐라', '마음 깨치면 네가 부처다' 이러한 것을 가르치는 곳이 선종(禪宗)인데, 그러한 선종 사찰에서도 차 고사를 지내는 것을 보고, '중생이 원하는 것은 무엇이든지 다 해 주는 것이 불교의 미덕이다. 그것이 불교의 포용, 불교의 포용 능력이다'라고 생각하습니다. 다시 말해, '많은 사람들이 차 사고를 걱정하는 것은 사실이다. 불안해하고 걱정하는 그 신도들을 위해 절에서 차 고사를 지내준다 해서 절의 위신이 떨어지는 것은 아니다'라는 생각을 했던 것입니다.

그리고 또 한 번의 차 고사에 대한 일화는 한 15, 6년 전의 일입니다. 팔공산을 지나 가는데, 차를 큰길 가장자리에 세워두고 막걸리를 차바퀴에 붓는 사람들이 있었습니다. 저에게는 상당히 이색적인, 조금은 충격적인 볼거리였습니다. 그래서 차를 세우고 옆에 있는 사람에게 물었습니다. "지금 뭐 하는 겁니까?"라고 물었더니, "스님, 차 고사 지내는 중입니다."라고 하였습니다. 그래서 보니, 앞쪽에 작은 단(壇)을 하나 만들어 놓았는데, 거기에는 팥 시루떡도 있고, 마른 명태도 한 마리 올려져 있었습니다. 그리고 거기다가 대고 정성껏 절을 하고 있는 것이었습니다. 그것도 사람들이 다 볼 수 있는, 사람들이 왔다 갔다 하는 대로변에서 하는 것을 제가 보고는 생각했습니다.

'아, 과연 차 사고가 무섭기는 무섭구나!'

언뜻 보기에도 차가 워낙 고급 승용차라서 제가 물었습니다.

"이 차의 주인은 누구입니까?"

"저 사람인데, 저 사람은 대구의 어느 병원의 병원장입니다."

그때 그 말을 듣고 제가 생각했습니다.

'아무리 지식이 많고 사회적으로 높은 지위에 있다고 할지라도, 사고 불안에 대해서는 그 누구도 예외가 될 수는 없구나. 그렇다면 저러한 차 고사를 절 집안에서 긍정적으로 수용할 필요도 있겠다.'

그래서 제가 절에 돌아와서 여러 스님들과 의논을 끝

에, "우리 불자들의 차 고사는 절 마당에서 지내는 걸로 하자." 하고 차 고사 제도를 만들었습니다.

한국불교대학 大관음사에서 하는 차 고사는 세간에서 하는 것과 달리 절 마당, 즉 노천 법당에 차를 세워놓고 불공 겸 신중기도를 올립니다. 불공으로 먼저 천수경을 한 뒤에 신중기도를 간단하게 합니다. 그리고 반드시 불설소재길상다라니를 꼭 외웁니다. 불설소재길상다라니는 불교의범 71쪽 신중기도 편에 나옵니다. 잠시 뒤에 제가 한번 읽어 드리겠습니다. 불설소재길상다라니를 한 다음에, 화엄성중 정근을 하면서 차 주위를 몇 바퀴 돌며 미리 준비해 둔 맑은 차(茶) 또는 맑은 청수(淸水), 맑은 물을 솔가지로 차 전체에 뿌립니다. 또 스님들이 무사고에 대한 축원도 합니다. 그리고 마지막은 반야심경입니다. 이러한 차 고사 의식은 3, 40분 소요되는 불공 의식입니다.

옛날에는 차가 없었기 때문에 스님들이 보는 석문의범(釋門儀範)에 차 고사에 대해서 나와 있지는 않습니다. 그런데 많은 기도 의식을 응용해서 불공을 겸한 신중기도 의식을 그렇게 만들어서 했더니, 그것이 효과가 아주 좋고, 신도들 또한 매우 흡족해했습니다. 그러므로 혹시 차 사고가 자주 나서 불안하신 신도님들은 절에 와서 차 고사를 지내시면 될 것입니다.

만약 '나는 그런 의식을 안 해도 지금껏 사고 없이 잘 살아왔다'라고 하는 분들은 굳이 할 필요 없습니다. 차 고사를 안내해 드리는 것은 불안하거나 차 사고가 잦은 분들을 위해 말씀드리는 것입니다. 그러니 '지금까지 차를 탔지만 아무 사고 없이 잘 지내왔다' 하시는 분들은 차를 바꾸거나 새 차를 사더라도 굳이 차 고사까지 안 지내셔도 됩니다.

혹시 '나는 절에까진 안 가고, 집에서 차 고사를 간단하게나마 지내는 것이 마음이 편하겠다'라고 하시는 분들은 차를 앞에 세워두고, 아까 말씀드렸던 불설소재길상다라니를 한 세 번 읽으시면 됩니다.

불설소재길상다라니는 신중기도 편에 나오는 진언, 다라니입니다. 제가 한번 읽어보겠습니다.

나무 사만다 못다남 아바라지 하다사 사나남 다냐타 옴 카카 카혜 카혜 훔훔 아바라 아바라 바라 아바라 바라 아바라 지따 지따 지리 지리 빠다 빠다 선지가 시리예 사바하

좀 길지요? 그래서 긴 진언이기 때문에 다라니라 합니다. 이 불설소재길상다라니를 세 번 외우신 뒤, 깨끗한 그릇에 물을 담아서 솔가지로 물을 뿌리면서 차 주위를 도시면 됩니다. 이때는 아까 절에서 하는 대로 화엄성중을 하시면 됩니다. "화엄성중, 화엄성중, 화엄성중…"라고 하면서 차 주위를 돌며 차 전체에 청수를 뿌리면 되겠습니다. 한 서너 바퀴 이렇게 돌면 됩니다.

그다음에는 준비한 염주를 차의 백미러에 걸어주면 됩니다. 염주는 고사 지내기 전날 또는 그날 절에 가서 염주 하나를 구입해서 불단에 올려놓고 삼배 또는 108배 등 정성껏 불공을 드리면 됩니다. 그렇게 염주를 미리 준비하고 있어야 합니다. 이렇게 하면 아주 훌륭한 차 고사가 되겠습니다.

제가 간곡하게 말씀드립니다. 우리가 불자로서 불교의 체면도 좀 생각해야 하지 않습니까? 불자가 돼서 아무 길거리에 차를 세워 놓고, 명태포 같은 것을 올려놓고 차 머리에 대고 절을 해대면, 다른 종교인들이 봤을 때도 그 체면이 말이 아닙니다. 그러니까 차 고사는 가능하면 집에서 간단하게 지내시든지, 스님들께 얘기해서 절 마당에서 지내시면 그보다 더 좋은 일이 없겠습니다.

그리고 아까 말씀드렸던 것처럼, '나는 차 고사가 필요 없다. 지금까지 한 번도 차 사고 없이 잘 지내왔다. 이번에 새 차를 샀다고는 하지만 나는 불안할 것이 없다' 이런 분들은 차 고사 안 지내도 됩니다. 대신 반드시 차에 염주는 하나 걸어두시는 게 좋습니다. 그냥 염주 아무거나 걸지 마시고, 다니는 절에 가서 염주를 사서 불단 위에 올려놓고 정성을 들인 염주가 좋겠습니다. 부처님으로부터 증명을 받은 염주를 집에 가지고 가서 새 차 안 백미러에 하나 걸고, 앉은 상태에서 반야심경이라도 한 번 정성껏 외우면 가장 간단한 차 고사가 되겠습니다.

말이 고사이지 이름을 거창하게 그렇게 붙일 것도 없

고, 차를 구입했으니 부처님 제자로서 감사 인사드리는 것입니다. 차가 큰 재산이잖아요. 그렇게 큰 재산이 되는 차를 장만했으니 감사하다는 마음으로 그리하시면 되겠습니다.

그리고 늘 사고가 잦아서 불안하다거나, 아들 또는 딸이 차를 샀는데 불안하다 싶으면, 다니시는 절에 백일기도라도 올리십시오. 스님들이 무사고 운전을 축원해 주신다면 더할 나위 없이 좋은 일이 되겠습니다.

오늘 제가 여러 가지 쭉 말씀을 드렸습니다. 그중에서 자기 경우에 맞도록 하나 취해서 하시면 되겠습니다.

 내일 다시 뵙겠습니다.
관세음보살

日日是好日
(일일시호일)
無一 우학 스님 作

無一우학 설법대전(4)

초판발행 2022년 1월 20일(불기 2566년)

저자 無一 우학 큰스님
녹취 이원정(세지)

펴낸곳
도서출판 좋은인연(한국불교대학 부속)
편집 / 김현미
등록 / 제4-88호
주소 / 대구시 남구 중앙대로 126
전화 / 053.475.3707, 6

가격 10,000원
ISBN 978-89-93040-33-3 (04220)

■ 잘못된 도서는 구입하신 곳 또는 도서를 증정받은 곳에서 교환해 드립니다.
■ 법보시 받습니다. 보시하신 책은 군법당, 교도소 등에 무료 배포됩니다.

대한불교조계종 한국불교대학 大관음사
홈페이지 / **한국불교대학**
다음카페 / **불교인드라망**
유튜브 / **유튜브불교대학, 비유디**